# 社会主义核心价值观二十四字解

刘悦 王光福 著

文匯出版社

## 作者简介

**刘悦**，淄博师范高等专科学校教授，古文字专业博士，中国文字学会会员，中国民族古文字研究会会员。九三学社社员。《辞源》第三版修订人。著有《纳西东巴文异体字关系论》《汉字中的生活之美》《海岱古文字概览》《汉字中的生活百态》。曾获“全国优秀社会科学普及专家”“山东省优秀教师”“淄博市有突出贡献的中青年专家”等荣誉称号。

**王光福**，淄博师范高等专科学校教授，古代文学专业。兼任山东省古典文学学会常务理事、山东省水浒研究会常务理事。学术专著、文学创作及参编著作有：《聊斋赘语》《望月集》《齐文化丛书》《中国文学》《蒲松龄文学作品分类研究》《白话聊斋志异》《新译聊斋志异选》《淄博文化通览》等。在核心期刊《红楼梦学刊》《明清小说研究》《管子学刊》《蒲松龄研究》等发表学术论文数十篇。在《语文报》《大众日报》《齐鲁晚报》《时代文学》等报刊发表教学研究及文学创作百余篇。

# 篇首语

文字的作用是巨大的。

《淮南子·本经训》云 :“昔者仓颉作书，而天雨粟，鬼夜哭。”话虽玄奇，却也道出了一个基本事实 : 文字之发明，事关宇宙之奥秘，自然会引起天地间的巨大反应。社会主义核心价值观的十二个词二十四个字，携历史之风云，带日月之精华，也凝聚着当今中国人的憧憬与向往，理应引起十四亿炎黄子孙的心灵共鸣。

《社会主义核心价值观二十四字解》系列文化讲解，将带你自二十四字之本源泛舟，凌波于四书五经、诸子百家、经史子集、诗词歌赋之间，让你在丰富而愉悦的精神之旅中，感悟它们的前生今世，并进而将其融入到对社会主义核心价值观的践行之中。

一百五日寒食雨，二十四番花信风。

——慢慢走，欣赏啊！

# 前 言

自党的十八大提出社会主义核心价值观以来，在中国大地上，社会主义核心价值观已深入人心，当前对社会主义核心价值观更深层次的解读成为社会需求。

传统文化是人类智慧在历史长河中的积淀，是世代相传的行为方式，是民族的生命和血脉，也是民族的根和魂。从中国文化源头寻求社会主义核心价值观的文化本体，将有助于人们感悟社会主义核心价值观的深刻内涵，有助于人们增强民族自豪感和文化自信心。文化传统的核心是价值传统，价值传统反映了一种文化的价值规范、价值理念、价值追求、价值理想，即价值观。文化认同是一个民族共同体长期共同生活中形成的认同体系，是凝聚这个民族共同体的精神纽带，是这个民族共同体生命延续的精神基础。文化认同的感召力对社会行为的规范有着巨大的影响。

当前，全国上下的国学热反映了广大人民群众在建设精神家园方面对本土传统文化资源的热切渴求。中国传统文化提供的生活规范、德行准则及文化认同和归属感，发挥着其他文化要素所不能替代的作用，在稳定社会心态、塑造积极向上的精神、促进社会和谐等方面蕴藏着重要价值。因而，从社会主义核心价值观二十四字所承载的传统文化反观社会主义核心价值观，是深入解读社会主义核心价值观的有效途径。

陈寅恪先生说："凡解释一字即是作一部文化史。"文字是文化的载体，汉字确实有这般魔力，汉字的魔力来源于中国文化的博大精深。传统文化是我们民族的精神家园，暗藏着我们的文化基因，是属于我们的共同文化记忆。每一个汉字，都是理解传统文化的一把钥匙，所以，本书不是"就字论字"，而是以一字为载体，采撷传统文化之精华，展示文字背后溥博的文化。如果你原来看到的是一个字，感受到的是一个符号，在这里，我们带你看漫天美丽的焰火。

古往今来，人们面对着很多同样的情境，有着不断的思考，我们研读前人的思考及社会思想的变迁，可以为今人开拓思维；总结历史上的兴衰成败，可以提升我们的所知所行、所思所想，找到进步之通衢。本书中大量引用了古人的思考，还有很多古代的事例，来解说社会主义核心价值观。从中，我们可以认识到社会主义核心价值观所倡导的"富强、民主、文明、和谐、自由、平等、公正、法治、爱国、敬业、诚信、友善"，无一不是有着深厚的文化根源，这是我们民族早已有之的认知和一贯倡导的准则，今日郑重地提出，既是对我们民族精神的总结，也是为我们继续走下去给出的坚定指引。

本书通过通俗易懂、深入浅出的语言，通过饶有趣味的情境、故事，将相关的历史文化、民俗典故、诗词歌赋、思维理念融入其中，展现历代先贤的智慧和创造，展现中国传统文化的博大与精深，从而坚定繁荣中华文化、实现民族伟大复兴的信念。以解汉字、谈经典、论思想的组合样式，以丰富的内容，充实社会主义核心价值观的宣传普及。

本书从传统文化经典中选取大量古代先贤的治国理念，以及历代清官的廉政事迹。例如，“富”字篇，引用了孔子、颜回“孔颜乐处”的典故和东汉廉吏杨震“四知拒金”的故事，既生动形象地阐明道理，又能够提升知识素养。所以，本书的系列讲解也将进一步充实思政课教育，成为思政教育课堂的优秀教学资源，让广大干部和学生用优秀的传统文化滋养大脑、健全人格，使社会主义核心价值观的落实更有根基、更有美感、更有文化认同感和情感亲和力。这是我们所期待的。

# 目录

#【富强】

# 〖富〗

金文「富」

社会主义核心价值观的第一个词是“富强”，第一个字是“富”。

我们先来看看先人眼中的“富”是什么样子的。“富”，金文作“”，是房屋内藏着一坛酒的样子。远古时代粮食匮乏，家中有酒是粮食充足、生活富裕的标志。也就是说，谁家有酒，谁就称得上“富人”。

酿酒是要耗费粮食的。所以，就是富人，有酒也轻易不舍得喝，一定要和朋友分享，才觉有价值。《周易》云：“鸣鹤在阴，其子和之。我有好爵，吾与尔靡之。”（《周易·中孚·九二》）意思是说：“一只白鹤在树荫下鸣叫，小鹤也高兴地跟着唱起来。我有一壶美酒啊，我愿与你共饮同乐。”酒这种代表富有的饮料，一开始，就和亲情、友情联系在一起，这是“富”字的美

有酒即富——赵红云画

好开端。

酒坛子这个形状“”，后来常写作“酉”，因此我们看到很多“酉”部的字都和酒有关，如“酿”“醉”“醇”“醅”等。酒坛也有写作“畐”的，这个字也是“福”字的前身。“富”字中的酒坛后来就常写作“畐”。这种写法已经看不出酒坛的形状，后人望文生训，将“富”字看作是“一家一口田”，认为家家户户都有田种、有饭吃，就算过上“富”日子了，这也可算是一个美丽的误解了。

在现代汉语中，“富”的反义词是“穷”。而在古汉语中，“穷”多指没有出路、不得志、仕途不畅等。如孟子云：“穷则独善其身，达则兼济天下。”（《孟子·尽心上》）晋代名士阮籍，时常一人驾车出游，“车迹所穷，辄恸哭而反”（《晋书·阮籍传》）。王维诗云：“行到水穷处，坐看云起时。”（《终南别业》）这些“穷”都和财物多寡没有联系，“穷”的对立面是“达”而不是“富”。

古汉语中“富”的反义词是“贫”。“贫”，分贝也。“贝”是古代货币，与财物有关，财物分出去了，自然就不富了。孟子云：“富贵不能淫，贫贱不能移，威武不能屈，此之谓大丈夫。”（《孟子·滕文公下》）《汉书·食货

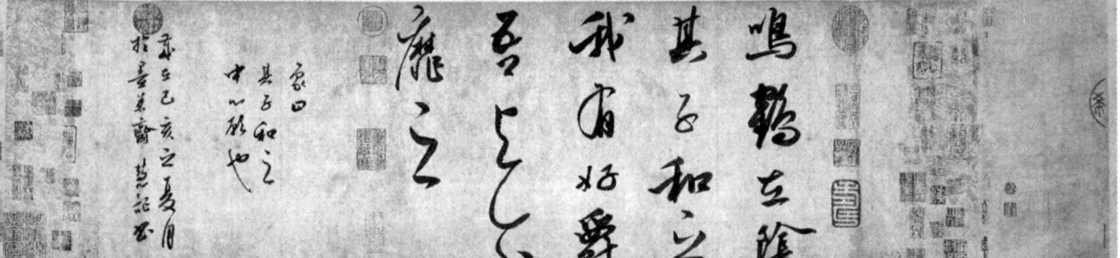


《易经》句——刘慧龙书

志》云："富者累巨万，而贫者食糟糠。"《孽海花》第三十五回中，大刀王二云："老汉平生，最喜欢劫富济贫，抑强扶弱，打抱不平。"在这里，都是"贫""富"对举，可见在古人的心目中，"富"的对立面是"贫"而不是"穷"。

古人夸耀自己或赞美他人富有，常说"富比陶朱"。陶朱是谁呢？春秋时期越国大夫范蠡帮越王勾践灭掉吴国，弃官经商发大财后，隐居于宋国的陶邑（今山东菏泽市定陶区），更名为"陶朱公"。他不仅富有，且仗义疏财，声名远播，被誉为商圣，后世商人供奉他为民间的财神。"陶朱公"也就成了富有之人的代称。

"贫居闹市无人问，富在深山有远亲。"（《增广贤文》）自古以来，财富始终以其强大的魔力和黏性，操控支配着人情世故。《战国策》记载，纵横家苏秦不得志时，"妻不下纴，嫂不为炊，父母不与言"。而在他功成名就之后，"父母郊迎三十里；妻侧目而视，倾耳而听；嫂蛇行匍伏，四拜自跪而谢"。苏秦笑问："嫂何前倨而后卑也？"就是说："嫂子您怎么以前那么不待见我，现在却这样讨好我呢？"嫂回答："以季子之位尊而多金。"说白了就是"因为你现在官大并且钱多啊"！苏秦不由感叹道："嗟乎！贫穷则父母不子，富贵则亲戚畏惧。人生世上，势位富厚，盖可忽乎哉？"他说："唉呀！贫穷的时候父母不把我当儿子，富贵的时候连自家亲人也害怕我、巴结我。人生一世，权势地位和荣华富贵，怎么可以忽视呢？"

越是在物质生活匮乏的年代，越能感知财富的力量。比如20世纪五六十年代出生的人，取名往往喜欢用个"富"字。王×富、李×富，张富×、赵富×等等，凡是《百家姓》上的姓，几乎都想以"富"字为名。彼时取名用"富"之密集，盼"富"之心切，可谓中国姓名文化之大观，这

妻嫂拜苏秦——赵红云画

是一种有趣的现象，值得研究。

诚然，获取财富，过富足的日子，是任何人都有的正当追求，本无可厚非。可是无限放大财富的作用，认为有钱能使鬼推磨，进而滋生拜金主义，做金钱的奴隶，就会陷入泥潭而不能自拔。唐代名臣张说（yuè）曾撰文《钱本草》，其中云：“钱，味甘、大热、有毒。”他像老中医一样，生动形象地揭示了金钱的“药性”。金钱财富本身无善无恶，就如同某些“补药”，能养生也会伤身，关键看如何使用它，不要仅仅贪图其一时之“甘”，更要注意其“热”和“毒”。

对此，孔子有非常清醒的认识。他说：“富而可求也，虽执鞭之士，吾亦为之；如不可求，从吾所好。”（《论语·述而》）孔子认为合乎道义的

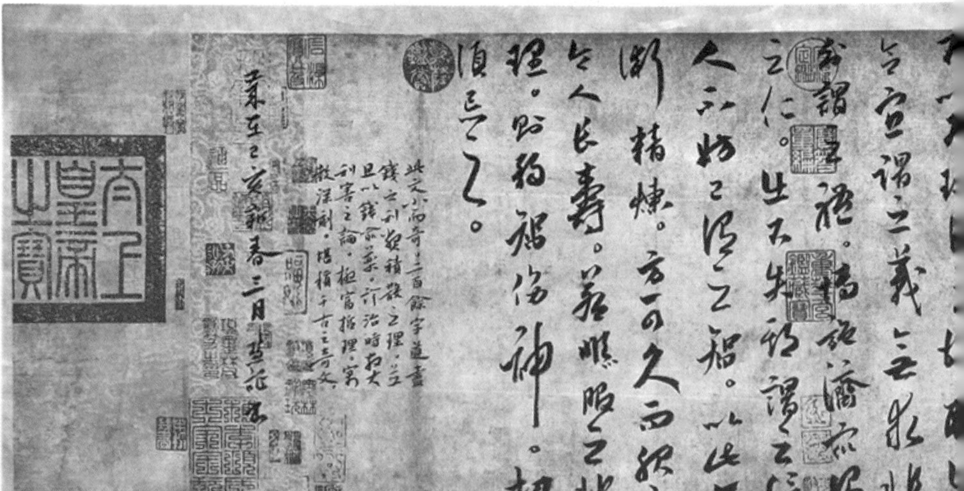

财富是可求的，即使给人家赶车挣钱，也不算丢人；不合乎道义的财富是不可求的，还不如喜欢啥干点啥去。面对财富，孔子总能表现得襟怀澄澈、云淡风轻。他说自己，“饭疏食饮水，曲肱而枕之，乐亦在其中矣。不义而富且贵，于我如浮云”（《论语·述而》）。他表扬自己的弟子，“贤哉，回也！一箪食，一瓢饮，在陋巷，人不堪其忧，回也不改其乐。贤哉，回也！”（《论语·雍也》）孔子之所以成为圣人，颜子之所以成为贤人，很大程度得益于这种安贫乐道、达观自信的人生态度，这就是被后世奉为人生至高境界的所谓“孔颜乐处”。

明代思想家傅山对此颇有体会。他说，读书久了，乐处自生，就离孔子、颜子不远了；假如不读书，只是白白去寻孔、颜，走个对面你也认不出来。

唐·张说《钱本草》——刘慧龙书

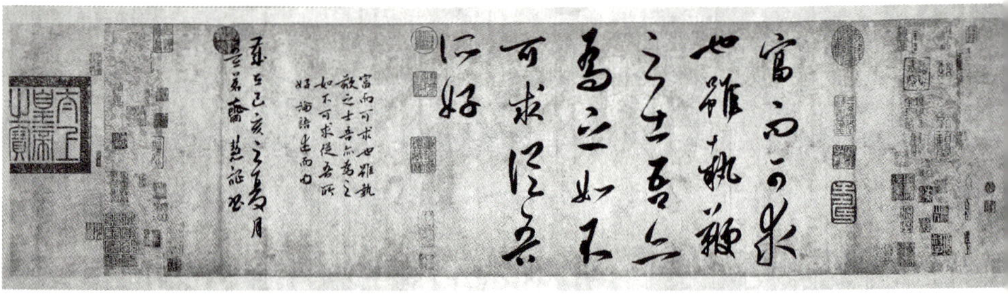


《论语》句——刘慧龙书

所以只要有书可读，“三间小屋之下，好不富贵也”（《霜红龛集·佛经训》）。把读书看作是最奢侈的富贵，这是爱书人的共同心声。

《后汉书》中还讲过这样一个故事：东汉杨震上任途中，有一个受过他恩惠的人，夜里揣着十斤金子来拜见他，说“暮夜无知者”，杨震说：“天知，神知，我知，子知。何谓无知！”这就是著名的“四知拒金”的故事。杨震的子孙常年蔬食步行，有人想为他们置办产业，杨震说：“让后人说他们是清白吏的子孙，留个清白的家风给他们，这不是更大更好的财富吗？”正如晋人陶渊明所云：“宁固穷以济意，不委曲而累己。”（《感士不遇赋》）亦如唐人罗隐所赞：“国计已推肝胆许，家财不为子孙谋。”（《夏州胡常侍》）这些有识之士对待财富的旷达超迈，千载之下，仍觉荡涤心胸，使人心生向慕之情。

也有相反的例子。蒲松龄《聊斋志异·续黄粱》中有位曾孝廉，考中进士后，在黄粱一梦中卖官鬻爵、枉法霸产，所得金银三百二十一万。死后阎王爷下令将金银熔化灌入其口。金银流到下巴上，皮肤臭裂；灌到喉咙里，腑脏沸腾。他感叹道：“生时患此物之少，是时患此物之多也。”曾孝廉梦醒之后，看破红尘世俗，认为不过是一场梦而已，遂“入山不知所终”。悬崖撒手，未尝不是一种人生的开悟和灵魂的解脱。这个故事，也可以看作是蒲松龄对深陷物欲而不能自拔者的一种忠告和警醒。

总之，“财不如义高，势不如德尊”（〔汉〕刘向《说苑·谈丛》）、“尝闻君子诫，忧道不忧贫”（〔唐〕白居易《送客春游岭南二十韵》）、“常人所欲在富，君子所贵在德”（〔宋〕陆九渊《杂说》）。这些名言警句所蕴含的人生哲理，才是古人留给我们的真正财富，应该成为我们现代人的座右铭。我们应当时时对照并广泛遵循和践行之，使之成为中华民族共同的价值取向而标立于世界民族之林。

# 〖强〗

小篆『强』

社会主义核心价值观的第一个词是“富强”，其第二个字是“强”。

强，小篆作“強”，由“弘”和“虫”两部分构成。强的本义，《说文解字》解释为：“蚚（qí）也。”蚚，是米中的小黑虫，又称“米象”，俗称“蛘（yáng）子”。隶变，也就是说由小篆转变为隶书后，写作“强”。

“强”本来是一种小虫子，在意思上和现代的“强”没有任何联系。但是，古文字中还有一个与“强”同音的字“彊”。“彊”，本义是弓强硬有力。《六韬》云：“太彊必折，太张必缺。”意思是弓太强一定会折，弦太紧一定会断。“强”“彊”二字音同，“强”常借用为“彊”，并逐渐取代“彊”来表示强大义。而“彊”字的常用义则发展为“疆域”，后来加上个“土”字，

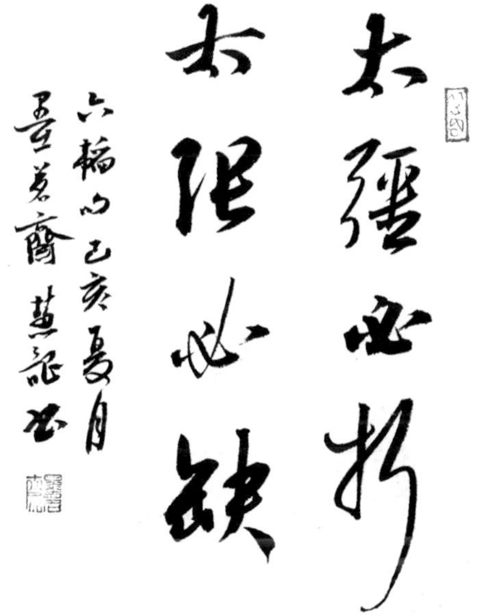


《六韬》句——刘慧龙书

产生了一个新字“疆”。

古人常以拉开弓的力度来显示自己的强大。《吕氏春秋》中记载了这样一个故事：齐宣王喜欢射箭，喜欢别人夸他能用强弓。他使用的弓不过是拉力为三石的弓，但身边的臣子都故意投其所好，装作只能拉开一半，谎说这是拉力为九石的弓，吹捧齐宣王力大无穷。齐宣王很是得意，至死都没明白自己的真正实力，这是很可悲的。（《吕氏春秋·贵直论·壅塞》）所以，后人常用“三石之弓”来讽刺那些能力不大，却爱听别人的吹嘘，毫无自知之明的人。

相反，对于那些真正强大有力的人，世人也不吝赞美之词，比如汉代的李广。《史记·李将军列传》说，李广勇武有力，被匈奴人称为“汉之飞将军”。有一次，李广出猎，见到草丛中有一只老虎，一箭射去，才

三石之弓——赵红云画

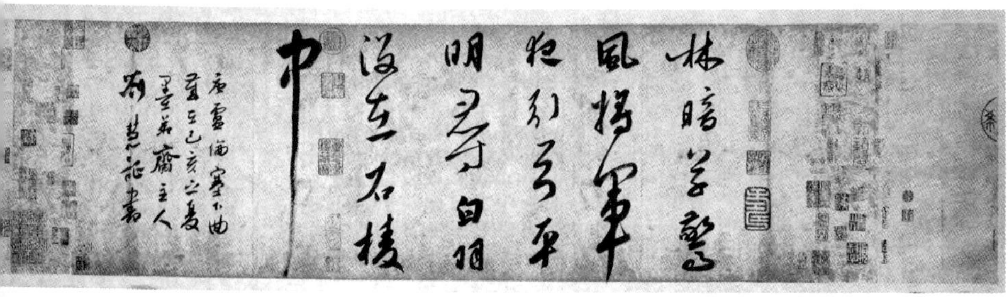

唐·卢纶《塞下曲》——刘慧龙书

发现那是一块大石头。可是箭头都射入石头中了——那该是多大的力气啊！以至于后来，唐人卢纶有一首《塞下曲》云：“林暗草惊风，将军夜引弓。平明寻白羽，没在石棱中。”表达了对李广神力的敬佩与向往之情。明人施耐庵《水浒传》中一百单八将之一的花荣，因善于射箭，能开硬弓，人称“小李广”。可见世人对孔武有力之人的赞美，并不随时间的流逝而消亡。

强可分为个体的强大和群体的强大。

就个体的强大而言，《礼记·曲礼上》云：“四十曰强，而仕。”即四十岁是身体和思想都比较强盛的时期，可以出来做官，为国家多做事了。金庸在他的小说《书剑恩仇录》中安排了这样一段情节：乾隆送给陈家洛一块玉佩，上刻“情深不寿，强极必辱，谦谦君子，温润如玉”。金大侠以此告诫世人，不要过于痴情，也不要过于强悍，谦虚沉稳、温润含蓄，才是真君子。金庸在他的另一部小说《倚天屠龙记》中进一步描述他所推崇的这种境界：“他强由他强，清风拂山冈；他横任他横，明月照大江。”那些显露在外的强还不是真正的强，不露锋芒，不事张扬，拥有宽广的内心和超然淡定的气度，就像金庸笔下的武当始祖张三丰那样，才是真正的强。

古代社会群体的强大，常表现为宗族的强大。“强宗”“豪右”“著姓”“大族”，都是指有权有势的豪门大族。旧时代，一些强宗大族的势力会危害到地方的社会秩序和治安，因而历来中央集权对强宗大族会采取打压的措施。比如，晋国的两位名臣赵孟和叔向讨论楚国令尹欲篡位的事，叔向认为楚令尹是以强力夺取君位，是不合乎道义的，“不义而强，其毙必速”（《左传·昭公元年》），即不合乎道义的强大，其灭亡必然很快。果然，楚令尹夺取王位后多行不义，最后自缢而死，他就是历史上有名的昏君楚灵王。

孔子的学生子路，也曾经请教孔子，怎样才算是强。孔子问子路：“南方之强与？北方之强与？抑而强与？”（《礼记·中庸》）就是说，你问的是南方的强还是北方的强，抑或是你自己认为的强？孔子进一步阐释，用宽容温和的方法教化别人，别人无礼也不报复，这是南方的强，君子以此为强。兵戈甲盾不离身，战场上

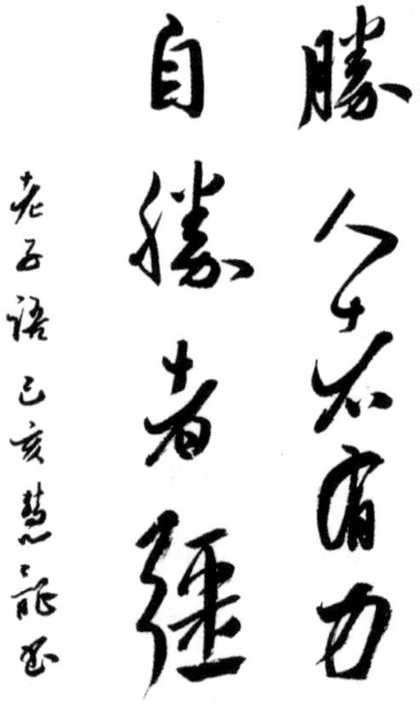


《老子》句——刘慧龙书

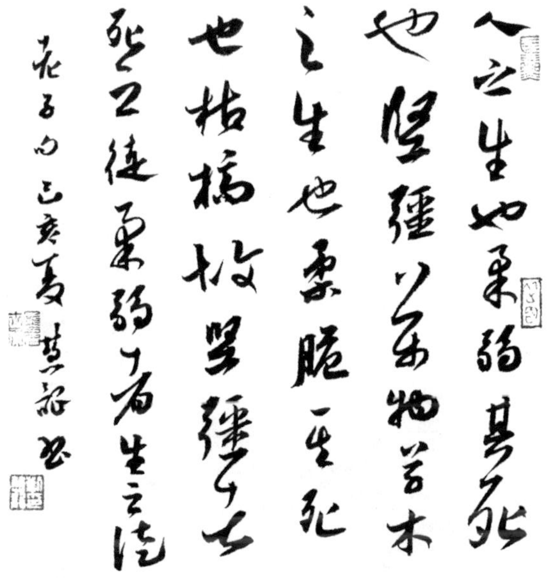

《老子》句——刘慧龙书

至死不妥协，这是北方的强，勇武的人以此为强。孔子认为，不是意气之争，而是以坚守道义为前提，不向强权低头，不同流合污，才是真正的强。

《后汉书》中讲了这样一个故事：董宣为洛阳县令，依法杀死了光武帝刘秀的姐姐湖阳公主的恶奴。光武帝让人摁着董宣的脖子，让他向湖阳公主叩头谢罪。董宣两手撑地死也不肯低头，最终光武帝无奈，送给董宣一个“强项令”，就是硬脖子县令的美名了事。(《后汉书·酷吏列传》) 这种连皇帝都不得不退让的精神强大，才是真正的强大。

老子云：“胜人者有力，自胜者强。”(《老子·三十三章》) 能够战胜他人的人，可谓有力量；能够战胜自己的人，才是真正的强大。比如

见舌知柔——赵红云画

有的人，在战争年代攻城略地，立功无数，枪林弹雨也不曾将其打倒，称得上是一条好汉。可是一旦到了和平安定的年代，享乐腐化思想不断冲击头脑，使其逐渐走上了背离人民利益的错误方向。这样的人，算不得真正的强者。关于人的这一弱点，明人王阳明说："破山中贼易，破心中贼难。"（《与杨仕德薛尚谦书》）可谓一语中的。

强大是可贵的，但是只知一味强大，也会走向强大的反面。老子正是有鉴于此，又提出要对"强"保持足够的警惕。他说："人之生也柔弱，其死也坚强。万物草木之生也柔脆，其死也枯槁。故坚强者死之徒，柔弱者生之徒。"（《老子·七十六章》）人活着的时候身体是柔弱的，死了身体就变僵硬了。草木也是初生时柔弱，死时枯槁。因而，柔弱与生存相伴，坚强与死亡互生。老子的这种思想，大概是从商容那里学来的。《淮南子·缪称训》说："老子学商容，见舌而知守柔矣。"意思是说，老子到商容那里去学习，商容张开嘴让他看舌头。为什么是让他看舌头而不是看牙齿呢？因为他的牙齿早就掉光了。老子由此悟出了满齿不存舌头犹在的道理，也就是刚强者死亡而柔弱者存活的道理。

综合起来看，老子强调的是人对内心要自省自知，对外界要戒除逞强好胜，要学会适应。老子认为柔能克刚，弱能胜强，辩证地看待了弱和强的关系。强弱没有固定不变的格局，因时而异，因势而异。后人也把刚柔之道看作是重要的修身治国之道。

其实，老子也罢，孔子也罢，他们强调的都是精神的强大胜于肉体的强大。还是孟子说得明白："我善养吾浩然之气。"（《孟子·公孙丑上》）这才是"至大至刚""塞于天地之间"的真正强大。《宋史·文天祥传》

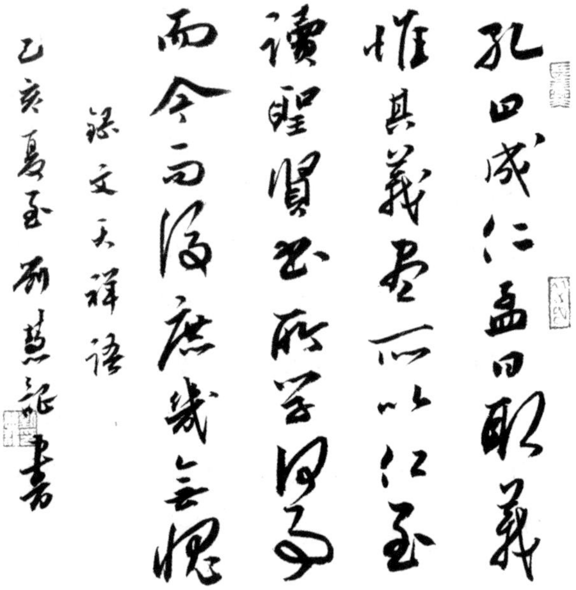


宋·文天祥语——刘慧龙书

里记载：文天祥死后，其妻收其尸，其衣带中有遗诗一首：“孔曰成仁，孟曰取义，惟其义尽，所以仁至。读圣贤书，所学何事？而今而后，庶几无愧。”这才是惊天地泣鬼神的强而有力的“正气”之歌！

管子云：“主之所以为功者，富强也。”（《管子·形势解》）他认为一个国家的君主，最大的功劳就是使国家富强。《周易·乾卦》云：“天行健，君子以自强不息。”意思是，天之运行刚强劲健，君子也应该不停地自我鞭策，发愤图强。可见，自古以来，“自强不息”是中华民族一贯的优秀品质，“富强”是中华民族不变的追求目标。千年风雨砥砺后，一个真正“富强”的东方大国正在崛起，已然崛起。

# 【民主】

# 【民】

金文「民」

社会主义核心价值观的第二个词是“民主”，其第一个字是“民”。

“民”，金文作“”，像以利器刺瞎眼睛之形。秦文字中的“目”变形作“”，隶书作“”，于是演变出了“民”字。关于这个字的造字理据，学者们认为，在远古部落战争中，俘虏或杀或存，存者将其一只眼睛刺瞎，作为奴隶的标记。同时，刺瞎眼睛也能降低其反抗力，便于管理。因而，“民”最初指奴隶。战国末年，秦王喜欢听高渐离击筑，因为高渐离是荆轲的好友，所以秦王采取的防范措施就是先熏瞎其目，才召他入宫演奏。为了自己的耳朵而弄瞎别人的眼睛，也是够残忍的了。

上古时候黄帝、炎帝为主的部落联盟，战胜蚩尤（chī yóu）率领的九黎族，九黎族的俘虏被称为“黎民”，充当奴隶。

西周时期“黎民”泛指身份低贱的人，即底层的庶民阶层。秦始皇统一天下后，制定、颁布了一系列法规，其中之一就是“更名民曰‘黔首’”（《史记·秦始皇本纪》）。黔者，黑色也，是因庶民戴着黑色的头巾，因而以此代称。

“百姓”这个词，原指西周得到封姓的百官，后来用于指称朝臣和贵族阶层。那时“姓”并不是人人都有的，只有得到封赐者，才配有自己的姓。“黎民百姓”本分别指被统治阶级和统治阶级这相互对立的两个阶层的人。春秋末年，随着宗族世袭制的破坏和土地私有制的出现，“百姓”地位逐步衰落，就渐渐与“黎民”没有什么区别了。

后来，在“民”字的基础上，又产生了“氓”（méng）字，《广雅》指出二者的区别是“土著者曰民，外来者曰氓”。《诗经·卫风·氓》云：“氓之蚩蚩，抱布贸丝。”这个笑嘻嘻的小伙子，神态很朴厚，大概是个刚来不久的外乡人。《孟子·滕文公上》记载，神农学派的许行，听说滕文公施行仁政，于是从楚国来到了滕国，对滕文公说：“远方之人，闻君行仁政，愿受一廛而为氓。”许行请求滕文公给他一个住处，他愿意做滕国的子民。后来“民”“氓”二字经常连用，泛指民众、百姓，如晏子所说的“田野不修，民氓不安”（《晏子春秋·问上》）等。这个“氓”字后来多读作máng，但是要注意，“流氓”一词本指失去了土地，没有正当生业的无业游民，与现代常用的“寻衅闹事、语言或动作下流”等“流氓”义，颇有不同。

春秋时期，统治阶层以下的社会成员分为士、农、工、商四类，即所谓“四民”。齐桓公向管子询问安邦定民之计，管子云：“士农工商四民者，国之石民也，不可使杂处，杂处则其言哤（máng），其事乱。”（《管子·小匡》）管子认为，这四类人，是国家的基本民众，不能杂居在一起，杂居则必然说话做事相互干扰，导致思想混乱，影响工作。应该把士人的住处安排在清静的地方，把农民的住处安排在田野，把工匠的住处安排在靠近官府处，把商人的住处安排在市场附近。管子认为这样做可以让人们各司其职，且本行业内部的人多在一起交流，也有利于技术的传承。其实，《管子》一书一开始就谈到君主治理人民，说：“仓廪实则知礼节，衣食足则知荣辱。”（《管子·牧民》）话虽简短，却深刻阐释了经济基础对民众的重要性——礼义教化是建立在人民生活物资充足的基础之上的。在这一点上，我们更能够明白，为何社会主义核心价值观的第一个词是“富强”而不是别的。

从文献资料来看，最早的“以民为本”的思想见于《尚书》。商朝人信奉鬼神，商朝的灭亡，使周人意识到王朝的存亡兴废不是鬼神所能决定的。周人智慧地将民意和天意结合起来，认识到“天矜于民，民之所欲，天必从之”

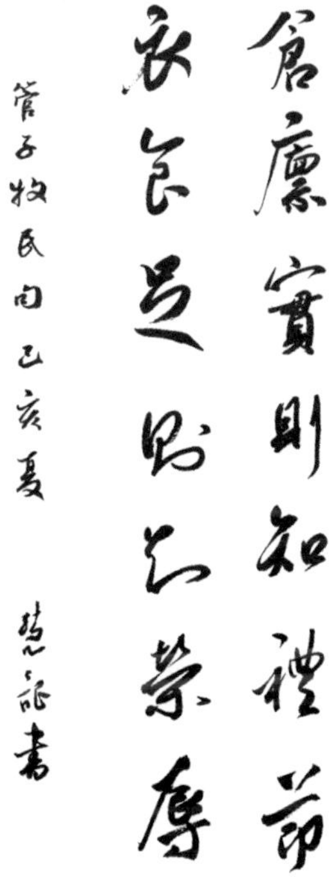


《管子》句——刘慧龙书

（《尚书·泰誓上》），即上天怜悯百姓，百姓的愿望，上天一定会满足的；“天视自我民视，天听自我民听”（《尚书·泰誓中》），即若想知道上天的旨意，不用去询问上天，去观察询问人民的所思所想就能够知道。周公引用古语说：“人无于水监，当于民监。”（《尚书·酒诰》）说的是统治者不要以水为镜子，要以民为镜子。《尚书·五子之歌》追述大禹的告诫说：“民可近，不可下。民惟邦本，本固邦宁。”意思是百姓只可亲近，不可轻视，百姓是立国的根本，百姓的生活稳固康泰，国家才会安宁。《尚书·盘庚》还记载，盘庚为避水患，决定从奄（今山东曲阜）迁都于殷（今河南安阳），他当众发表演讲，劝告那些不愿迁徙的臣民，说：“予岂汝威，用奉畜汝众。”即我这不是吓唬逼迫你们啊，我这是为了帮助养育你们啊。《尚书·大禹谟》云：“后克艰厥后，臣克艰厥臣，政乃乂（yì），黎民敏德。”意思是为君的能知道为君的艰难，为臣的能知道为臣的艰难，政事就能处理好，人民也能迅速提升道德水准。

《说苑·政理》记载，周武王问姜太公：“治国之道若何？”姜太公回答：“治国之道，爱民而已。”周武王又追问：“爱民若何？”姜太公说：“故善为国者遇民，如父母之爱子，兄之爱弟，闻其饥寒为之哀，见其劳苦为之悲。”《说苑·建本》记载，齐桓公拜管子为相后，问管子：“王者何贵？”管子回答：“贵天。”桓公仰而视天，管子解释说：“我所说的天，不是指苍茫的上天，国君应该把老百姓当作天。百姓拥护他，社会就会安定；百姓支持他，国家就会强盛；百姓指责他，他的统治就很危险；百姓若是背弃了他，政权就要灭亡了。”管子借此指明了人心向背决定着国家兴衰存亡的道理。秦末著名说客郦食其（lì yì jī）曾引用

王者贵天——赵红云画

管子的话劝说汉王刘邦，云："王者以民人为天，而民人以食为天。"（《史记·郦生陆贾列传》）

春秋时期，齐国的晏婴出使晋国，晋国大夫叔向问晏婴："意孰为高？行孰为厚？"晏婴说："意莫高于爱民，行莫厚于乐民。"又问："意孰为下？行孰为贱？"晏婴说："意莫下于刻民，行莫贱于害民也。"（《晏子春秋·问下》）晏婴认为统治者要从民众的角度考虑问题。在那个百家争鸣的年代，这种思想与孔子"仁"的学说，形成了良好的互动关系，对后世影响极大。

《礼记·缁衣》转述孔子的话说："民以君为心，君以民为体……君以民存，亦以民亡。"讲的是君与民之间的关系，强调了君要以民为本体。荀子也说："君者舟也，庶人者水也；水则载舟，水则覆舟。"（《荀子·王制》）强调在君民关系中，起决定作用的是民众。后来，唐人魏征也在《谏太宗十思疏》中说："怨不在大，可畏唯人。载舟覆舟，所宜深慎。"魏征想要表达的是：怨恨不在大小，可怕的是人心的向背。水能载船也能翻船，所以应当加倍小心。

孟子总结历史经验说："民为贵，社稷次之，君为轻。"（《孟子·尽心下》）将民本思想推到了一个高峰。孟子认为统治者应当为民置产，藏富于民，百姓有恒产才会有恒心，"保民而王，莫之能御也"（《孟子·梁惠王上》），能够保障百姓生活的安定丰足，这样的国君想统一天下，还有谁能够阻挡他呢！

总之，在历代明君贤臣的治国理念中，以民为本的思想始终占据着重要地位。与之相应的施政行为，如敬民、重民、得民、爱民、教民、

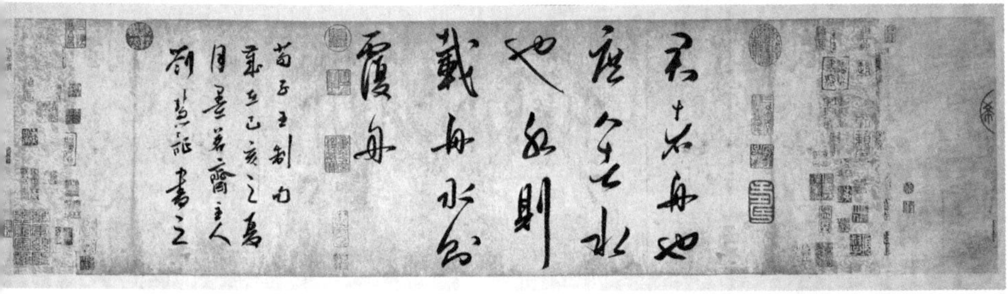

《荀子》句——刘慧龙书

富民等系列措施，对于促进国家的强盛确实起到了积极的作用。但是古代民本思想的初心和归宿，是为了维护皇权统治，因而民本更多地体现在形式上，并没有实现真正意义上的人民当家做主。在这一点上，当今的华夏子孙自然能够超越前人，为世界贡献出更为理想的中国智慧，才庶几不愧前贤而昭伟功于后世。

# 【主】

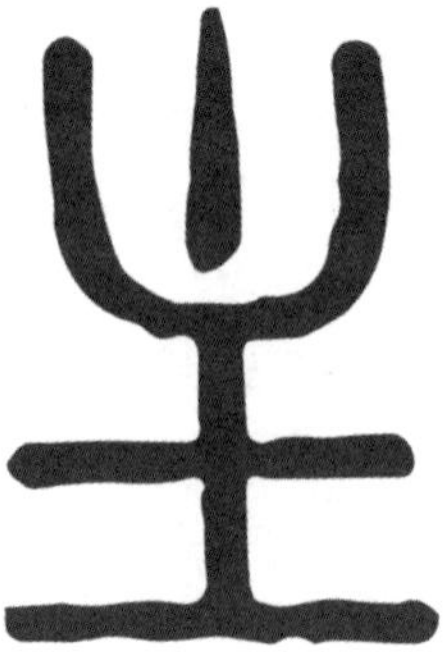

小篆「主」

社会主义核心价值观的第二个词是“民主”，其第二个字是“主”。

甲骨文中有这样一个象形字“丅”，有时也写作“[illegible]”，这是从不同角度对神主的摹画。神主是古代为已死的君主诸侯做的牌位，一般立于宗庙，供祭祀用。后世民间也为死者立神主，又称“木主”“灵牌”“神位”等。

“丅”这个字形，在发展演变中，增加了横、点等装饰性的笔画，并逐渐分化为“示”“主”两个字。

「示」「主」字形演变

“示”本义为神主，所以由“示”及它的变形“礻”字旁构成的字多与祭祀、祈福有关。比如“宗”字，其本义就是宗庙，即放置祖先神主以供祭祀的房屋，后引申指祖宗、宗族等义。

“主”的本义也是神主，随着饰笔的增加，字形的增繁，渐渐变得不像其形了。春秋战国时期出现了油灯，随之战国文字中出现了“[illegible]”字，上面的一点像火炷，下面像灯盏灯座之形。许慎《说文解字》的解释是：“主，灯中火主也。”这个表示灯芯的“主”字，与繁化的神主的“主”字成为了同形字，后来就合并为一个字了。而火炷的意义，又另造一个新字“炷”来表示。

灯炷——赵红云画

古代丧葬活动中的木主，最初是雕刻的木偶，象征逝者，用以祭拜，后来发展为牌位，并在其上书写死者姓名、生卒年月、身份，等等。古人认为祭而无木主，则神无所依归，木主有为死者安置灵魂之意。古代帝王出兵、狩猎，常载木主而行，以表达不忘祖先，希望得到祖先的庇佑。《史记·周本纪》记载，周武王伐纣时，“为文王木主，载以车，中军。武王自称太子发，言奉文王以伐，不敢自专”。周武王带着文王的木主上战场，表示自己不是擅作主张，而是奉文王之命讨伐无道。

古人祭祀的社神，就是土地神，土地神的牌位就是社主。鲁哀公问孔子的学生宰予，应该用哪种木头做社主。宰予说，夏朝时用松木，殷商时用柏木，周代用栗木，用栗木就是想使民恐惧战栗。孔子听说后，说：“既往不咎。”（《论语·八佾》）意思是已经过去的事就不必再唠叨了。孔子不赞成吓唬人民，所以委婉地批评了宰予。成语“既往不咎”，即出于此。

“主”，又由神主之义引申出“君主”等义。人们很早就意识到，无主将是一种混乱的局面。《尚书·仲虺之诰》中，商汤的左相仲虺（huǐ）告诉商汤说：“惟天生民有欲，无主乃乱。”意思是上天生育的这些民众都是有七情六欲的，没有君主就会产生乱象。因而又写周公说：“天惟时求民主，乃大降显休命于成汤，刑殄有夏。”（《尚书·多方》）即上天为人民寻求可以做君主的人，就把这光荣的使命降给商汤，让他去灭掉暴虐无道的夏朝。这里的“民主”是指人民的君主。

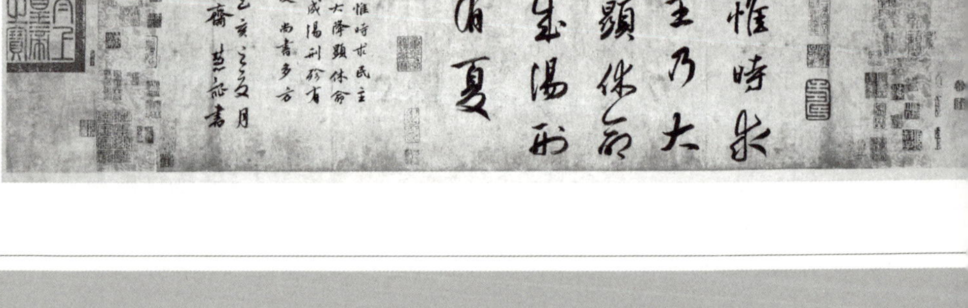


《尚书》句——刘慧龙书

“主”由“君主”义又引申为“主持”义。周朝时，天子嫁女，自己不做主婚人，而是请同姓的公爵级别的诸侯代为主持。“公主”一词最早是指由诸侯主持婚礼，后指君主的女儿。“长公主”则指君主的姐姐。比如汉代的馆陶公主刘嫖，因为是汉文帝刘恒之女，故称“公主”；又因为是汉景帝刘启的姐姐，故又称“长公主”。

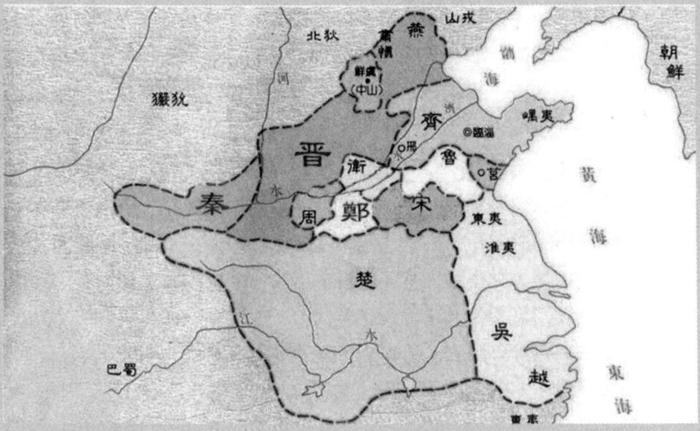


春秋列国形势图

古代和“主”有关的著名典故，还有一个“东道主”。据《左传·僖公三十年》记载，晋国欲联合秦国攻打郑国，郑国大臣烛之武游说秦穆公，说灭掉郑国，将会更有利于晋国的强大，晋国强大对秦国没有好处，不如留下郑国，让郑国作为秦国通往东方道路上的主人，秦国的使者经过郑国时，郑国可以为其提供食宿，岂不有利于秦国？秦穆公被说服了，没有攻打郑国，撇下晋国走了。这就是著名的“烛之武退秦师”的故事。

因为郑国在秦国的东面，所以自称为“东道主”，意思是东方道路上

烛之武退秦师——赵红云画

的主人，后来“东”字表示方位的意思逐渐弱化以至消失，转而泛指主人。并由此构成了一些新词，如“做东”表示请客；“房东”“股东”等，表示各种资产的主人。

还有一个和“主”有关的词语“主人翁”。《史记·范雎蔡泽列传》载，范雎对须贾说：“愿为君借大马驷车于主人翁。”意思是我愿意为您向我的主人去借四匹马拉的大车。这里的“主人翁”是仆人对主人的尊称。

宋人陆游也讲过一个有关“主人翁”的故事。一次，宋徽宗召见蔡京之子蔡攸，赐宴，即席出一上联：“相公公相子。”“相公”指蔡攸，“公相”指其父蔡京，就是说相公是公相的儿子。蔡攸张口对下联曰：“人主主人翁。”“人主”指皇帝宋徽宗，“主人翁”是说皇帝是主人，做东请我吃饭。(《老学庵笔记》) 在皇帝和大臣看来，这或许颇有情趣，但在后人看来，却不免有些轻佻而不够庄重，这对君臣的最后结局和后世之名都不甚好。

“主人翁”不光皇帝等大人物能当，普通百姓也能当。明代吕坤说：“身是心当，家是主人翁当。”(《呻吟语·修身》) 意为身体是心当家，家庭是主人翁当家。这里的“主人翁”就是指普通人家的一家之主。

其实，给家当“主人翁”难，给心当“主人翁”更难。宋代的苏轼一生坎坷，被贬黄州时，面对滔滔江水，感慨道：“江山风月，本无常主，闲者便是主人。”(《东坡志林·临皋闲题》) 展露了他的诗人气质和对待人生的旷达态度。

《六祖坛经》云：“时有风吹幡动。一僧曰风动，一僧曰幡动，议论不已。惠能进曰：‘非风动，非幡动，仁者心动。’”心生万物随识变，心

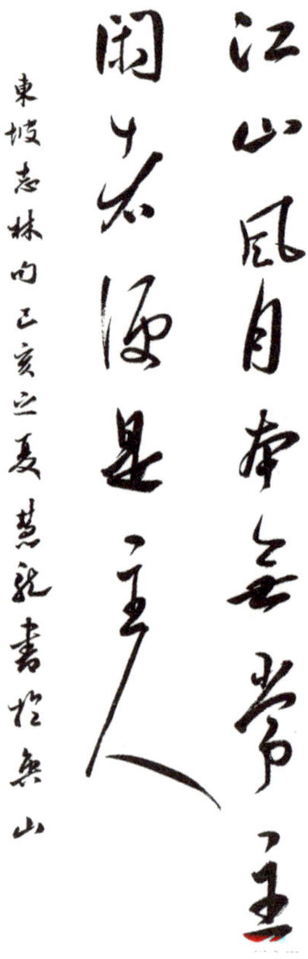


宋·苏轼语——刘慧龙书

有所主自能安，人的一生，能够主宰的莫过于自己的心境，这也是佛家一向注重修心的原因。因此我们说，主也是一种人生态度，能心有所主而不随风倒的人，才更是境界不凡的人。

公元前509年，孔子在鲁国继续开坛设教，广招弟子。同一年，在遥远的雅典城邦，克里斯提尼发动群众推翻暴君，重组社会政制结构，进行政治改革。他打破了传统的血缘纽带，将不同阶层、地区和经济状况的人联合在一起，大事小情由全体公民协商一致，共同采取行动。主要的决策机构是议事会，议事会由通过抽签产生的500名年满30岁的男性公民组成。政府的重大决策，由公民大会决定。公民大会的法定人数是6000人，年满20岁的男性公民不论贫富，都有权参加公民大会，有发言权和表决权，可通过投票的方式参与重大决策。克里斯提尼改革建立了第一个民主制度，后世称克里斯提尼为“民主之父”。

他的后继者伯里克利，将雅典民主推向了极盛。伯里克利在牺牲将士葬礼的演讲中

仁者心动——赵红云画

说："我们的政体叫作民主政体，因为权力不是掌握在少数人手中，而是掌握在全体人民手中。当解决私人间的争执时，法律面前人人平等；当一个人的职位比另一个人高时，不是因为他是特权阶层，而是因为他有实际的能力。任何人，只要有能力为国家效力，都不会因为贫穷而在政治上处于卑微的地位。"①

"民主"英文作 democracy，来自希腊文"人民"（demos）和"统治"（kratos）。新文化运动的主将陈独秀称之为"德先生"，并将其与科学"赛先生"(science) 并列，作为中国新文化运动的两面旗帜高高举起，至今猎猎有声，万民景仰。

总之，"民主"这个词，在中国虽然古已有之，但和社会主义核心价值观中的"民主"颇有距离。稽古振今，弄通中国古代"民主"的含义，有助于我们珍视现代的"民主"，更有助于现代民主制度的稳固推行。

① [古希腊]修昔底德：《伯罗奔尼撒战争史》（上），徐松岩译注，上海人民出版社2017年版，第195页。

# 【文明】

# 【文】

甲骨文「文」

社会主义核心价值观的第三个词是“文明”，其第一个字是“文”。

“文”，甲骨文作“”，像正面站立的人，胸部刺有交错的花纹。这是根据古代文身习俗而造的字。“文”字的本义是花纹，也就是花纹之“纹”的最早写法。甲骨文的“文”字也有简写为“”的，到春秋晚期基本省去中间的花纹，固定为“”。

据《尚书·吕刑》记载，周穆王任命吕侯改革刑法，制定《吕刑》。《吕刑》是中国流传下来的最早的法典，正式确立了墨、劓（割鼻）、剕（砍脚）、宫（破坏生殖系统）、大辟（死刑）五刑，墨刑是其中最轻的刑罚。《尚书·伊训》有“臣下不匡，其刑墨”的记载，即作为臣下的，若不能匡正君主，就将遭受墨刑。墨刑，又称黥，是用刀在罪人面额上刻

断发文身——赵红云画

以记号或文字，再以墨涂于伤口，使其难以褪色，从而成为罪犯终身的标志。《尚书·吕刑》中还记载了贵族缴纳一定的赎金可以免除相应的刑罚，其中墨刑需要缴纳一百锾（huán），大约三斤铜。

1975年，在陕西岐山县出土了一件西周中晚期的青铜器训匜，是一件盥洗用具，其上有157字铭文，记录了一桩诉讼案。一位掌管牧牛的小官，将他的管理者给告了。周王重臣伯扬父处理这件案子时，直斥牧牛官“女敢以乃师讼”，意思是你竟然敢诬告你的上司。为了惩罚他的诬告行为，本来要判处鞭刑一千，并在他脸上刺字，让他一辈子只能用黑巾蒙面，无颜见人。现在让他发誓不再重犯，只罚金三百锾。最后警告他说，若再重犯，仍要对他处以鞭刑一千和墨刑。

受墨刑或黥刑，会给人留下终身的耻辱。汉初淮南王英布就因受过黥刑而被称为“黥布”。《水浒传》中经常有人被刺配。如林冲被刺配沧

训匜及其铭文拓片

州，宋江被刺配江州，武松被刺配孟州等。这刺配就是在犯人脸上刺字，发配边远地区。宋江长得黑，还不要紧，像林冲、武松等英俊小生脸上被刺字，实是破了相，留下了难以泯灭的肉体和心灵的双重创伤。

古汉字主要来源于图画，许慎认为：“仓颉之初作书，盖依类象形，故谓之文；其后形声相益，即谓之字。文者，物象之本，字者，言孳乳而浸多也。”（《说文解字·序》）他说，最初的文字如同描摹物体形状的图画，图文一体，故早期的象形字也叫作“文”。其后陆续产生的合体字叫作“字”。“字”的本义是生殖繁衍，金文作“”，像房屋内有一襁褓中的孩子的样子。因后起的合体字多是在象形的独体字的基础上孳乳衍生而来，故将这类合体字称为“字”。我国的第一本字典叫《说文解字》，书名就告诉我们，是要说一说独体的“文”的形态，解一解合体的“字”的构造。后来“文”与“字”渐渐不作区别，常常两字连用。最早的例子是秦代的琅琊刻石碑文“同书文字”，记载了秦始皇施行的我国历史上第一次统一文字的政策——“书同文”。

“文”最初指花纹，常与之连用的“章”，最初也是指花纹。“章”，金文作“”，像以刀、锥等工具在物体表面刻上花纹。这些花纹往往具有标识作用。现在的领章、袖章、肩章中的“章”都是标识义。“文章”这个词最早的意思是指图案的花纹和色彩。《庄子·逍遥游》云：“瞽者无以与乎文章之观。”意即盲人无法与他人共同观赏图画。唐人李白《春夜宴桃李园序》云：“阳春召我以烟景，大块假我以文章。”“大块”指大地，“文章”指大自然中的各种美景。

把文字组织成篇，就像编织花纹图案一样，“文章”由此引申指成

刺配——赵红云画

清·张潮《幽梦影》句——赵新法书

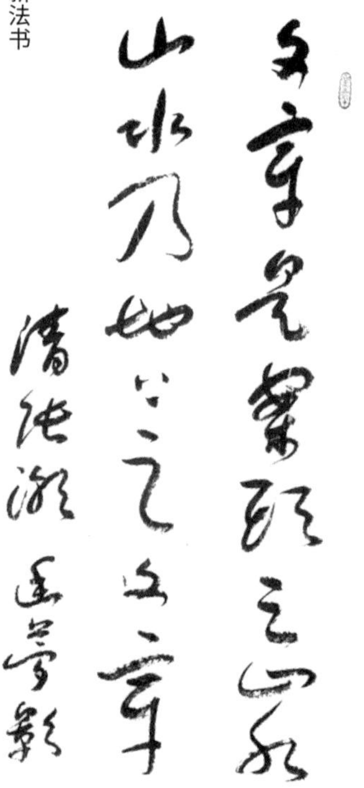

篇的文字。读好文是赏心悦目、怡情养性之事。唐人韩愈诗云：“李杜文章在，光焰万丈长。”（《调张籍》）表达了对李白、杜甫美好诗句的神往。清人张潮在《幽梦影》中说：“文章是案头之山水，山水乃地上之文章。”描述得更是形象而富雅趣。

北宋周敦颐指出，好的文章要有思想、有内涵，他打比方说：“文所以载道也，轮辕饰而人弗庸，徒饰也，况虚车乎？”（《通书·文辞》）“文”就像一辆车，“道”像车上所载之货物，如果车装饰得很漂亮，却是一辆不载送货物的空车，那么车再美也是没有用的。这是成语“文以载道”的出处。文以载道后来发展成为文人创作的基本观念。

魏曹丕在《典论·论文》中说：“文以气为主。”后人所说的“文气”的概念即源于此，指文学作品中所呈现出的才情和气质。唐韩愈言“气盛言宜”，宋苏辙云“文者，气之所形”，宋辛弃疾提倡“以气使词”，清曾国藩强调“为文全在气盛”，都认为文之盛气源于作者的道德、学识，胸中有气，见自不凡。

孔子认为："质胜文则野，文胜质则史，文质彬彬，然后君子。"(《论语·雍也》)"文"指的是一个人外在的言谈举止，"质"指的是人的内在涵养。一个人的内在涵养和外在举止相统一，才是君子。卫国的大夫棘子成和孔子的学生子贡也探讨过"文质"问题。棘子成问："君子质而已矣，何以文为？"就是说君子只需质朴就行了，为什么还要那些文采？子贡回答说："文犹质也，质犹文也。虎豹之鞟（kuò）犹犬羊之鞟。"(《论语·颜渊》)子贡的意思是，人的外在举止和内在品质同等重要。如果把虎豹的皮和犬羊的皮都去掉花纹和色彩，那么这两种皮还有什么区别呢。所以"文"是君子的重要标志。

魏晋以后，"文质"又被运用于文论中，分别指文章的形式和内

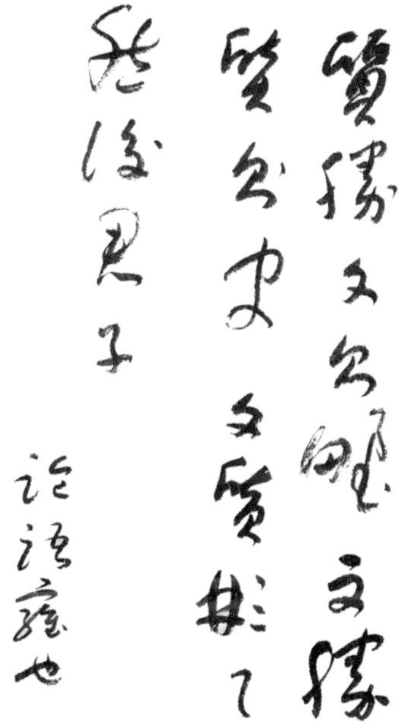

《论语》句——赵新法书

容。梁元帝萧绎认为“艳而不华，质而不野”（《内典碑铭集林序》）才是文章的高境界。宋苏轼认为陶渊明之诗“质而实绮，癯（qú）而实腴”（《与苏辙书》）。看上去质朴其实华丽，看上去瘦弱其实丰腴。这些理论，都是对先秦儒家“文质”观念的合理发挥。

我们的先民们“仰则观象于天，俯则观法于地”（《周易·系辞下》），形成了天文、地文、水文等概念，把自然界的外在现象概括为“文”。进而，由外在形式深入到对内在规律的认知，并最终进入观照人类自身。“刚柔交错，天文也；文明以止，人文也。观乎天文，以察时变；观乎人文，以化成天下。”（《周易·贲卦·彖传》）这里的“人文”指社会中人

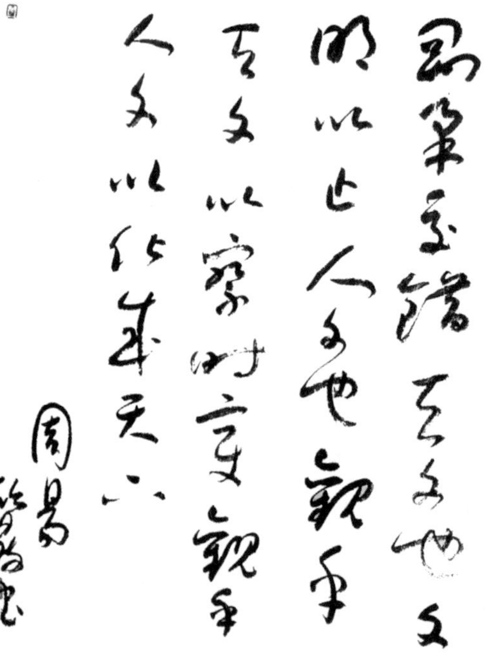

《周易》句——赵新法书

明·佚名《孔子圣迹图》之匡人围孔

与人之间纵横交错的各种礼法关系，“化”本义为变易、生成。

孔子在去陈国途中路过匡地。匡人曾遭鲁国阳虎的残害，而孔子相貌很像阳虎，于是匡人误把孔子当作阳虎围困起来。困窘中，孔子感叹说：“文王既没，文不在兹乎？天之将丧斯文也，后死者不得与于斯文也；天之未丧斯文也，匡人其如予何？”（《论语·子罕》）意思是，周文王死后礼乐制度不就保存在我这里吗？上天若要灭绝这些文化，后人就看不到它们了；上天若不想灭绝这些文化，匡人又能把我怎么样呢？自伤之中透露着自信，形象非常动人。这里的“文”指的是礼乐文化。

西汉刘向最早把“文”“化”连用，他说：“圣人之治天下也，先文德而后武力。凡武之兴，为不服也，文化不改，然后加诛。”（《说苑·指武》）意思是圣人治理天下，先用礼乐教化然后才用武力。但凡军事征伐，都是因为对方不臣服。文治教化不能使之改变，之后再用武力加以讨伐，就是“武化”。这里的“文化”指的是文治教化。

在现代，“文化”的意义更为宽泛，小到一个字、一首诗，大到一种思想、一种文明，它是人类作用于自然和社会的一切活动之结果。“以文化人”，就是用优秀的文化影响人、塑造人，是人类进步之通衢。孔子说：“周监于二代，郁郁乎文哉！吾从周。”（《论语·八佾》）夏商周三代早已成为历史烟云，但“郁郁乎文哉”依然是一个社会文化繁荣的最美赞词。

# 〖明〗

甲骨文『明』

社会主义核心价值观的第三个词是“文明”，其第二个字是“明”。

《诗经·小雅》中有一首《小明》，开篇云：“明明上天，照临下土。”《诗经·大雅》中还有一首《大明》，开篇云：“明明在下，赫赫在上。”前者的“明明”是形容自然界明亮的天空，后者的“明明”是赞美周文王之圣德光照人间。可见，不管是形容自然还是赞美人文，“明”字都是一个令人羡慕的字眼儿。

“明”最初长什么样子呢？

“明”，甲骨文中有两种写法。一种写作“”，由“日”和“月”组成。《周易·系辞下》云：“日往则月来，月往则日来，日月相推，而明生焉。”荀子认为：“在天者，莫明于日月。”（《荀子·天论》）由此可知，太阳和月亮是古人心目中最闪耀的天体，是光明的代

武则天——赵红云画

表。所以，屈原才有“与天地兮比寿，与日月兮齐光”（《楚辞·九章·涉江》）这样的人生辉煌追求。

中国历史上还有一个人，也对光明有着迫切的企慕，她自己造了个汉字“曌”，作为自己的名字，喻示日月当空，启明大地。她就是中国历史上唯一的女皇帝武则天。她的一生配不配得上这个“曌”字呢？这有待今人和后人慢慢评说。

“明”字，甲骨文的另一种写法是“”，由“月”和“囧（jiǒng）”组成。“囧”像屋墙上窗棂之形。我们的远古先人，在漆黑低矮的房子里，看着窗棂间透进的月光，是如何强烈地感受到光明的存在和珍贵啊！就连心间也会渐渐透亮澄澈起来，以此来支撑熬过漫漫的长夜和寒冷的严冬。

这在古人是一种美好而神圣的感觉。唐人李白《玉阶怨》诗云：“玉阶生白露，夜久侵罗袜。却下水晶帘，玲珑望秋月。”一位美丽的少妇，站在透明的水晶帘后，

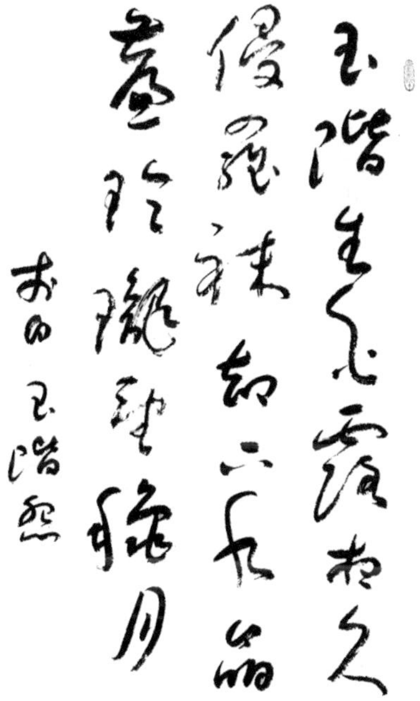

唐·李白《玉阶怨》——赵新法书

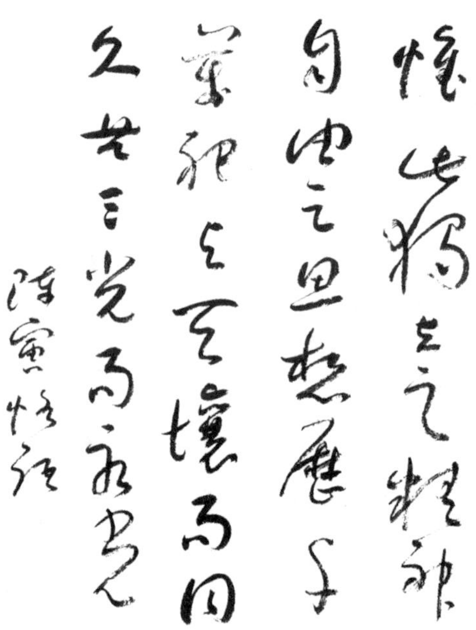

陈寅恪语——赵新法书

望着玲珑的秋月，想着自己久盼不归的心上人。这幅画面，很容易让人联想到清人黄仲则“似此星辰非昨夜，为谁风露立中宵”（《绮怀》）那首凄美诱人的诗篇。

夜空中，亮度仅次于月亮的星体是启明星，又叫太白星、长庚星，也就是太阳系中靠近太阳的第二颗星金星。我们的先民很早就留意这颗星了，《诗经·小雅·大东》中说：“东有启明，西有长庚。”唐代诗人李白，为什么名“白”，字“太白”呢？据传其母怀孕时梦到了太白金星，认为李白为太白金星入怀投胎，遂有此名此字。据说鲁迅和周作人小时还有过这样的名字，鲁迅叫“长庚”，周作人叫“启明”。《三字经》云：“三才者，天地人；三光者，日月星。”王国维去世后，陈寅恪为其撰写纪念碑文，云：“惟此独立之精神，自由之思想，历千万祀，与天壤而同久，共三光而永光。”（《清华大学王观堂先生纪念碑铭》）对真理之追求，对自由之渴望，掷地有声，惊心动魄，这都表明，人们对光明的赞美和向往是从来都没有间断过的。

眼睛能感知日月星辰光明，眼睛看不到光明，即失明。甲骨卜辞有“戊戌卜，贞，丁未疾？目不丧明？”（《甲骨文合集》[①]21037）这就是在占卜眼睛会不会失明。历史文献中记载的有眼疾的名人很多。如春秋时晋国著名音乐家师旷，“生而无目”，自称“盲臣”“瞑臣”；鲁国著名史官左丘明，是《左传》的作者，据说晚年双目失明，还作成了《国语》一书，这是我国现存最早的一部国别体史书。因此司马迁说“左丘失明，厥有国语”（《报任安书》），并把他和周文王、孔子、屈原、孙膑等“倜傥非常之人”并列在一起而加以赞美。

西汉文学家邹阳在《狱中上梁王书》中

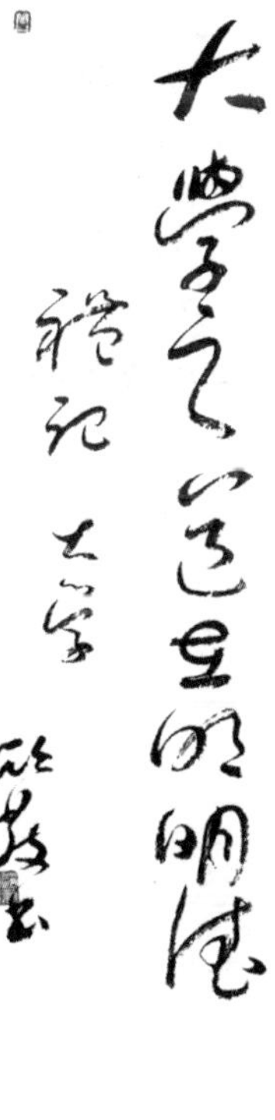

大学之道 在明明德——赵新法书

①《甲骨文合集》：郭沫若主编，胡厚宣总编辑，中国社会科学院历史研究所编，1978—1982年中华书局出版。本书后文简称“合”。

说："臣闻明月之珠，夜光之璧，以暗投人于道路，人无不按剑相眄者。"（《史记·鲁仲连邹阳列传》）意思是说，就算是明月珠、夜光璧这样的稀世珍宝，若是夜晚在路上抛给人，人们不但不会争抢，反而还吓得握着剑把子不敢正视。这就是成语"明珠暗投"的出处。此语常用来比喻珍贵的东西落到不识货的人手里，实指有才能的人得不到重用。

明明德——何峰篆刻

晋人张协诗云"瓴甋（líng dì）夸玙璠（yú fán），鱼目笑明月"（《杂诗·昔我资章甫》），说砖头在美玉面前夸耀自己，鱼目反过来嘲笑明月宝珠，暗示在庸俗昏暗的社会中，有才有德之士往往遭到歧视，很难得到施展才能的机会。

《红楼梦》第五十九回春燕引用宝玉的话说："女孩儿未出嫁，是颗无价之宝珠，出了嫁，不知怎么就变出许多不好的毛病来，虽是颗珠子，却没有光彩宝色，是颗死珠子了；再老了，更变的不是珠子，竟是鱼眼睛了。"这话出自一个天真无邪的孩子之口，说得俏皮有趣，尤其是"光彩宝色"四字，更是活灵活现地写出一个"明"字，点出了聪明伶俐女孩子的高雅才华与珍贵品质。

“明”由光明，进一步引申指贤明、圣明。《韩非子·外储说左上》中记述了这样一个故事：春秋时期，有人从楚国都城郢给燕国的宰相写信。写信时是夜晚，光线不好，于是他让仆人“举烛”，把蜡烛举得高一点，无意中竟将“举烛”二字写进了信中。燕国宰相看到后，说“举烛者，尚明也；尚明也者，举贤而任之”，以为郢人是劝其提倡开明的政策，任人唯贤。这就是成语“郢书燕说”的出处，这个成语表达的是望文生义、穿凿附会的意思，但贯穿其中的对“光明”的崇尚，却是值得后代政治家深思并效法的。

视思明——何峰篆刻

“大学之道，在明明德”（《礼记·大学》），这里儒家所说的“大学”是指大人之学，君子之学。这里的“明德”指完美的道德品质。“明明德”就是使光明的品德更加显明，即彰显人的善良本性，提高人的光明德行。个人的“明明德”，必然会促进整个社会的文明和进步。在古代，“明明德”的主要途径就是读书，读书又离不开灯火，而灯火又不是贫穷人家所能常备的，因而《三字经》中所说的“如囊萤，如映雪”，就成了后世追求光明者的励志语。车胤、孙康这些好学少年，也都成了历代学童的学习榜样。

孔子总结说“君子有九思”，就是君子要考虑清楚九件事，其中第一件就是“视思明”(《论语·季氏》), 即看事物时要注意是否真看清楚了。孔子强调的是君子要目光明晰，有卓越的洞察力。《论语》记载，子张向孔子请教什么是“明”，孔子回答：“浸润之谮（zèn），肤受之诉，不行焉，可谓明也已矣。”（《论语·颜渊》）意思是暗中造谣，恶毒诽谤，传到你这里就行不通了，这就算是英明了。

“文”和“明”在中国文化史上，是地位显赫的两个字。“文明”一词也早就出现。如《尚书》云“濬（jùn）哲文明”（《尚书·舜典》）等。在中国传统社会，“文明”主要指文治教化。而在西方语言体系中，“文明”是指一种先进的社会和文化发展状态，含义更为广泛。“文明”（civilization）来源于拉丁文“城市”（civil）。17世纪英国启蒙思想家托马斯·霍布斯是西方社会最早提出和使用“文明”一词的人，他认为文明是指人类社会从自然社会转向了国家状态。

总之，器物制度，皆是文明。文明是人类所能创造的促进人类进步的一切物质文明和精神文明的总和，人类的历史归根结底是一部人类发展的文明史。中华文明源远流长，辉煌灿烂的五千年文明史构筑了中国人的文化自信，而文化自信与现代文明的完美结合，将铸就中国的特有魅力。

# 【和谐】

# 〖和〗

金文『和』

社会主义核心价值观的第四个词是“和谐”，其第一个字是“和”。

“和”是中国人的处世观念和治世原则，也是中国哲学中的重要概念。但是，“和”到底是什么？却不是谁都能想得清楚、说得明白的。《周易·系辞上》在讲到“道”时云：“仁者见之谓之仁，知者见之谓之知，百姓日用而不知。”我们所说的“和”，虽然不像“道”那么复杂玄秘，但人们对它的理解，也和人们对“道”的理解一样，有很多需要细细说来的地方。

想要理解“和”，就要先认识一下“龢”（hé）字。金文“龢”，左边为“龠（yuè）”，上部是口，下部是类似于笙的编管乐器；右边的“禾”表示该乐器是由禾类植物的芦管做成，同时也用来标音，指明这个字读“禾”。《尔雅》的解释是：“大笙谓之巢，小笙谓之龢。”“龢”是乐器，也用来指乐音的和谐共鸣。“和”字为“龢”的简体字，“龠”省写为“口”。

孔子很喜欢音乐，并且也懂得音乐。《论语·述而》记载：“子在齐闻韶，三月不知肉味，曰：‘不图为乐之至于斯也。’”说的是，孔子带着一群弟子来到临淄，听到了传说中的韶乐，以至于回到曲阜后，很长一段时间里耳边老是萦绕着美妙的韶乐，吃肉都尝不出香味。他说：“想不到欣赏音乐，能让人达到这种美妙的境界。”这样的音乐一定是“和”的。

孔子喜欢听曲，也喜欢演唱。《论语·述而》记载：“子与人歌而善，必使反之，而后和之。”说的是，孔子和别人一起唱歌，唱着唱着就有了感觉，他让那人再唱一遍，他细细体会，然后再一起唱。这里的一个“和”字，写出了孔子与人和唱时欲罢不能的和乐神态。

有一次，楚襄王问宋玉：“为什么人们都不说你的好话呢？”宋玉说：“有个人在都城里唱歌，起初他唱下里、巴人，都城里跟着和唱的有几千人；后来唱阳阿（ē）、薤（xiè）露，都城里跟着和唱的有几百人；等到唱阳春、白雪的时候，都城里跟着和唱的不过几十人；最后唱高难度的变化无穷的歌时，跟着和唱的不过几个人罢了。这样看来，歌曲越是高雅，和唱的人也就越少。”（宋玉《对楚王问》）宋玉是在暗示智慧高超的人往往不被常人所理解。成语“下里巴人”“阳春白雪”“曲高和寡”都出自这篇文章。

战国末年，荆轲在燕国结识了会击筑（一种乐器）的高渐离，并很快成为知己。酒酣时，高渐离击筑，荆轲和唱，时而乐，时而泣，悲喜

和于琴音　谐于天地——赵红云画

无常，旁若无人。荆轲刺秦王临行之时，高渐离与太子丹送之于易水河畔，高渐离击筑，荆轲和而高歌“风萧萧兮易水寒，壮士一去兮不复还”(《史记·刺客列传》)。高义之举，慷慨羽声，至今令人感佩。

跟着唱是应和，用乐器为歌唱者伴奏也是应和。苏轼《赤壁赋》云：“于是饮酒乐甚，扣舷而歌之……客有吹洞箫者，倚歌而和之。”说的就是酒后高歌，有人吹箫为之伴奏。此外，古代诗友们经常依照对方诗词的格律和内容写作诗词，相互酬答唱和，这是文人骚客由来已久的一种高雅的文化娱乐。

刘禹锡和白居易同为中唐诗人，二人经历相似，彼此欣赏，经常以诗酬唱。刘禹锡有《和乐天春词》，“乐天”是白居易的字，这是和白居易《春词》的诗。白居易的《初冬早起寄梦得》中有“诗成遣谁和，还是寄苏州”句，“梦得”是刘禹锡的字，他当时任苏州刺史。后来，白居易将自己与刘禹锡的唱和诗一百三十八首辑录为《刘白唱和集》，其中刘禹锡《酬乐天扬州初逢席上见赠》中的“沉舟侧畔千帆过，病树前头万木春”，已是大家耳熟能详的名句了。

由音乐的相和，“和”逐渐引申出和谐、协调一致的美好意义，并进而发展为一种理念，融入到社会生活的方方面面。

“五味调和”是指甘、苦、酸、辛、咸，各有其味，但单一的味道给人的感受不是最好的，五味要经过调和，搭配适宜，才能达到最佳的舌尖境界。比如“调鼎”一词，最初指烹调食物，后来比喻担任宰相治理国家，也指治国理政之才能。

西周末年，智者史伯为郑桓公分析天下大势，认为周室行将灭亡的原因，就是周幽王“去和而取同”。他说：“和实生物，同则不继。以他平他谓之和，故能丰长而物归之；若以同裨同，尽乃弃矣。”（《国语·郑语》）他认为，不同的各种事物彼此和谐相处，才能源源不穷地产生世间万物；如果所有事物都保持一致，社会也就发展到了尽头。这时“和”已经是一个哲学意味很强的概念，看重的是事物的差异性与多样性，对立双方的包容与转化，才使事物发展具有无限可能性。

春秋时期，齐景公打猎回来，梁丘据驱车赶来慰问。景公对晏子说：“只有梁丘据与我‘和’呀。”晏子回答说：“梁丘据只能算是‘同’，还谈不上‘和’。”接着他解释了“和”与“同”的不同。他说，“和”好比做羹汤，厨师用水、火、调料来烹制鱼肉，掌握好火候和咸淡，人喝了才觉舒心。君臣也要各种意见互相补充，才能治理好国家。现在国君说

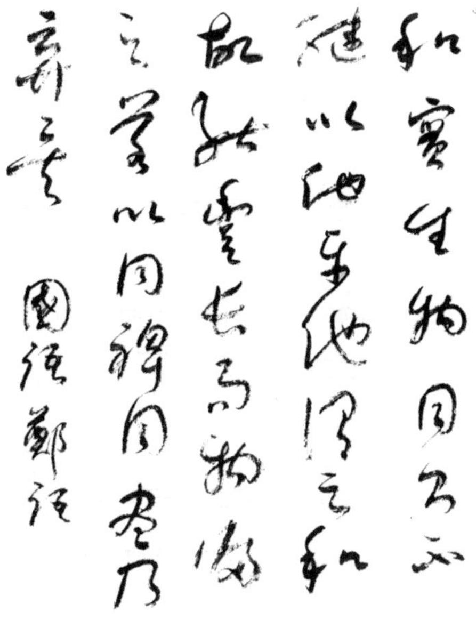

《国语》句——赵新法书

行，梁丘据也说行；国君说不行，梁丘据也说不行。这就好比用清水加清水去做汤，谁爱喝它呢？琴瑟只弹一个音调，还有什么听头呢？（《左传·昭公二十年》）言下之意是否定了那些盲目苟同者，劝谏国君要海纳百川，相成相济，才能达到真正的“和”。

对此，孔子精当地总结出了“君子和而不同，小人同而不和”（《论语·子路》）的观点。他说，君子能够求同存异，相互包容，把事情处理得恰到好处，而不盲目附和；小人则没有自己独立的见解，只是盲目附和。孔子提倡的“和而不同”，是一种建立在有差别、多样性基础上的统一。理解了这一点，就好理解儒家所提倡的“中庸”了。

君子和而不同——何峰篆刻

很多人望文生义地将“中庸”理解为做事和稀泥，无主见，把“中庸之道”看作是一种不偏不倚的调和之道，是一种折中主义的处事原则。这是对“中庸”的严重误读。中庸之道实则是主张“万物并育而不相害，道并行而不相悖”（《中庸》）。在现实生活中，往往没有一种原则是完全普遍适用的，而是各种原则的综合应用，因而要在兼收并蓄中寻求最好的解决问题的方法。

比如，在一定的社会时期，单纯的宽政不好，单纯的暴政也不好，这都会给社会和民生带来危害和隐患。所以孔子总结历史经验说：“政宽则民慢，慢则纠之以猛。猛则民残，残则施之以宽。宽以济猛，猛以济宽，政是以和。”（《左传·昭公二十年》）就是说政治措施要宽松和严厉结合互补，政事才能和谐。一个高水平的管理者，能够接纳不同的想法，能够组织、推动不同观念的人为一个共同目标而合作，这才是管理者“致广大而尽精微，极高明而道中庸”（《中庸》）的治世之道。

礼之用和为贵——何峰篆刻

《论语·学而》云：“礼之用，和为贵。先王之道，斯为美，小大由之。”这是孔子学生有子总结出的安邦治国之道。不但“和为贵”，而且强调“斯为美”，即这是治理国家最成功、最可贵的策略，做到一个“和”字，就小事大事都恰到好处了。后来孟子进一步升华，认为“天时不如地利，地利不如人和”（《孟子·公孙丑下》），“人和”被提升到了超越“天时”“地利”的至高境界。

一个“和”字，写起来虽然简单，其内涵

却无比丰富。小小一个汉字，就好比一部交响乐，在和谐的旋律中，让人产生无穷尽的联想和享受。“和气生财”“民和年丰”“和衷共济”“家和万事兴”等词，既是中国人彼此间惯用的祝福语，也是自身恪守的行事原则。对“和”的向往和践行，铸就了中国人宽厚温良的民族性格，这也是实现民族复兴的雄厚基础。

和谐——韩天衡篆刻

# 〔谐〕

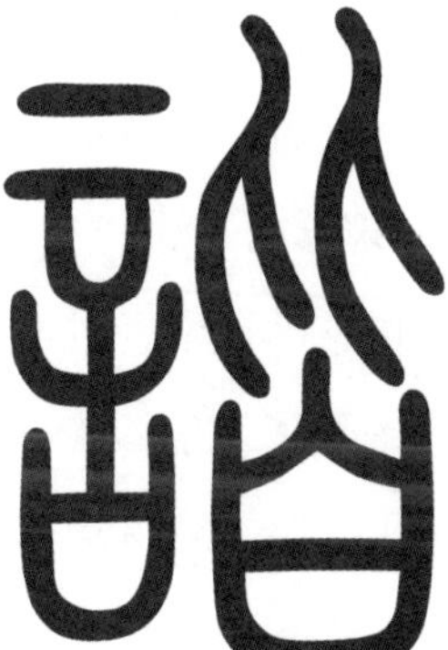

篆文「谐」

社会主义核心价值观的第四个词是“和谐”，其第二个字是“谐”。

“谐”，《说文解字》的解释是：“谐，洽也。”“洽”，就是和睦，相互协调一致的意思。“谐”左边的“言”字旁表示和语言有关，右边的“皆”字，既表音又表意。“皆”是“全部”“都”的意思，因此“谐”是指人人都能够畅所欲言，互诉衷肠，因而融洽无间。

古文字中还有“龤”字，左边是个“龠”字旁。“龤”字是指乐律的和谐。《尚书》云：“八音克龤，无相夺伦，神人以和。”（《尚书·舜典》）意思是如果八种乐器奏出的声音有条不紊，井然有序，在整体上达到和谐，就能出现神与人和谐一致的至高境界。

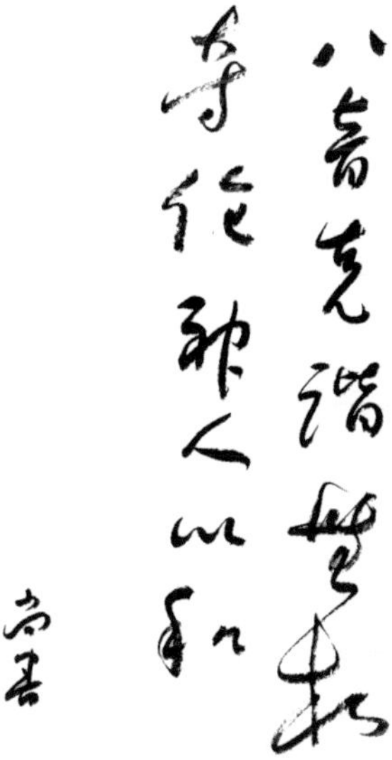


《尚书》句——赵新法书

“谐”与“龤”都有协调义，经常通用，后来因为“谐”笔画少，便于书写，便逐渐取代“龤”字，用来表达包括言论、乐律、声音、社会等的各种协调。

音乐之所以能给人和谐的感受，在于它的有序性。有序，则能使天地万物互相依存，并完美融合共生。因此，高明的人从音乐中可以领悟治国之道。《礼记·乐记》云：“审声以知音，审音以知乐，审乐以知政，而治道备矣。”说的是，通过辨别声而懂得音，通过辨别音而懂得乐，通过辨别乐而懂得政事，于是就有了一整套治国的和谐理念与方法。

古人还认识到，音乐能够陶冶性情，塑造宽厚仁慈的性格，对人的情感、品质都有教化提升作用。《礼记·乐记》详细阐释了音乐的这一功效，强调将礼与乐相结合，形成礼乐制度，以此教化人民，就可培养出政治秩序所需要的良好的道德修养，使社会各阶层融洽相处，从而构建

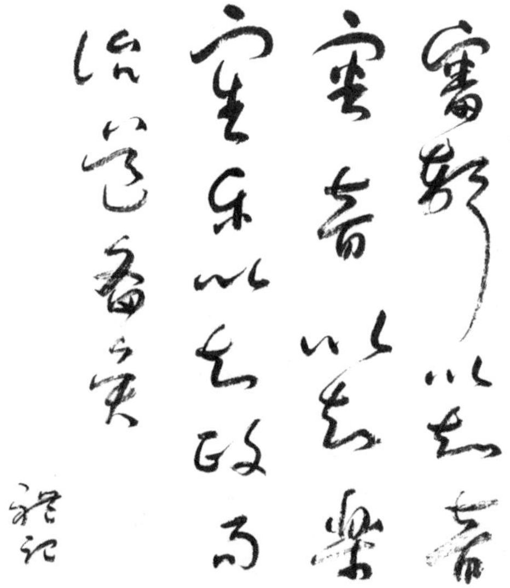

《礼记》句——赵新法书

和维系起一个和谐的社会。“治世之音安以乐，其政和；乱世之音怨以怒，其政乖；亡国之音哀以思，其民困。声音之道，与政通矣。”历朝历代的最高当局都明白这个道理，所以都把“乐教”看得很重，抓得很紧。

《尚书·益稷》记载舜时演奏韶乐的盛况，说：“箫韶九成，凤凰来仪。”听到优美和谐的韶乐，连凤凰都飞来起舞，这是社会和谐吉祥的象征。还说：“击石拊石，百兽率舞，庶尹允谐。”即击打着石磬奏乐，扮演百兽的舞者都跳将起来，各位官员也和着音乐载歌载舞，非常和谐。但是孔子认为，音乐虽然能够表现政治的清明和谐，却也还是歌舞升平的表面现象，只有各位官员团结和谐、精诚同心，才是治国理政之根本。(《孔丛子》)对于“和谐”，这是认知水平的一大飞跃。

和谐的生活状态，是任何时代任何社会都向往的。《史记·五帝本纪》云：“舜耕历山，历山之人皆让畔；渔雷泽，雷泽上人皆让居；陶河滨，河滨器皆不苦窳（yǔ）。一年而所居成聚，二年成邑，三年成都。”就是说，

《尚书》句——赵新法书

舜在历山耕作，历山人都能互相推让地界；在雷泽捕鱼，雷泽的人都能推让捕鱼的好位置；在黄河岸边制作陶器，那里的陶器就完全没有次品了。舜以身作则，人们以他为榜样，也逐渐懂得礼让，社会团结和谐起来。一年的工夫，舜住的地方就成为一个小村落，两年就成为一个小城镇，三年就变成一个大都市了。

周朝时有专门负责调解民众争端的官职，叫调人。“调人掌司万民之难而谐和之”（《周礼·地官·司徒下》），调人专门负责调解普通民众间的纠纷，使他们和谐相处。但有时，表面的和谐之下，也隐藏着龌龊的勾当。汉灵帝荒淫腐败，借修建宫殿为由，要求地方官在升迁时，“皆先至西园，谐价，然后得去”（《后汉书·宦者列传》）。谁想升官，就先到西园，按官阶议妥合适的价钱，才能上任。后来“西园谐价”成为买官卖官的代称，贻笑千古。

事情协调配合得好，就容易办成，所以“谐”也指事情办妥。如《三国志·吴书·周瑜鲁肃吕蒙传》云：“如其克谐，天下可定也。”意思是如果这件事办成了，天下的整个格局就定下来了。相反，“不谐”就是事办不成的意思。如汉光武帝刘秀的姐姐湖阳公主新寡，看中了大臣宋弘，光武帝问宋弘：“俗话说，官大了换朋友，钱多了换老婆，这是人之常情吧？”宋弘回答说：“贫贱之知不可忘，糟糠之妻不下堂。”光武帝无奈，只能对他姐姐说：“事不谐矣。”（《后汉书·宋弘传》）

谐，也指夫妻关系融洽、和谐。东汉太常周泽，勤于政事，经常住在斋宫不回家。一次他的妻子听说他生病，去斋宫看望他。周泽为此大怒，认为女人进斋宫不吉利，遂将他的妻子收狱治罪。当时流传着这样一首歌谣："生世不谐，作太常妻。一岁三百六十日，三百五十九日斋。"（《后汉书·儒林列传》）李白曾作《赠内》诗云："三百六十日，日日醉如泥。虽为李白妇，何异太常妻。"引用了太常周泽的典故，调侃自己的醉酒，以戏谑之语安慰夫人。李白毕竟是文人，协调夫妻关系，比周泽高明多了。

汉语修辞中，有"谐音"一格，很受人们喜欢。如《红楼梦》中"甄士隐"谐"真事隐"，"贾雨村"谐"假语存"，"元迎探惜"谐"原应叹息"。五代马缟《中华古今注》"麻鞋"条云："凡娶妇之家，先下丝麻鞋一双，取其'合鞋'之义。"就是娶亲的人家，要先下丝麻鞋为聘礼，取"和谐"的寓意。[①]

汉语修辞中，还有"诡谐"一格，是用荒谬的、似是而非的语言叙事，从而达到幽默讽刺的效果。如《红楼梦》中宝玉找王一贴要治女人妒病的膏药，王一贴说没有膏药只有汤药。宝玉怀疑其药性。王一贴道："一剂不效，吃十剂；今日不效，明日再吃；今年不效，明年再吃。横竖这三味药都是润肺开胃不伤人的。甜丝丝的，又止咳嗽，又好吃。吃过一百岁，人横竖是要死的，死了还妒什么？那时就见效了。"王一贴虽是信口胡诌，却能寓幽默于诡辩之中，使人既听着舒坦，又明白了事理。

但这种接地气的表达方式，却常为正统者所诟病。如宋代白话小说兴起，有人认为"恨乏唐人风致"。明代文学家冯梦龙则认为："大抵唐人选言，入于文心；宋人通俗，谐于里耳。天下之文心少而里耳多，则

① 唐马缟：《中华古今注》，中华书局1985年版，第21页。

小说之资于选言者少，而资于通俗者多。”(《古今小说序》)“里耳”即“俚耳”，也就是民间的、市井的、老百姓的审美要求。唐代传奇文学作家注重文化人的审美趣味，宋代的小说更注重民间大众的接受水准，因而小说的受益者是更多的。“谐于里耳”是冯梦龙提倡的美学原则，即要求小说、戏曲适应民间的、市井的、老百姓的审美要求。他批评过去的文言小说“尚理或病于艰深，修词或伤于藻绘，则不足以触里耳而振恒心”(《醒世恒言序》)，这是很有见地的。

“谐于里耳”的艺术作品，有其特殊的审美趣味。如东北的二人转、山东的快书、四川的谐剧，都是突出一个“谐”字的艺术表现形式。这些表演运用幽默、讽刺、夸张等手法，配以各地民众熟悉的方言，将严肃的主题置于诙谐、风趣的故事情节和表演中，虚实相间，寓庄于谐，颇受观众喜爱。因此，旧时代登不得大雅之堂的各种曲艺形式，现在都堂堂正正地登上了央视的大舞台，这也是通过“谐里耳”来对广大民众进行教化的最有效的方式，这对我们建设和谐社会，是有很大推动作用的。

【自由】

# 〖自〗

甲骨文『自』

社会主义核心价值观的第五个词是“自由”，其第一个字是“自”。

“自”，甲骨文作“”，惟妙惟肖地画出了人鼻子的形状。可见，“自”乃“鼻”的本字。甲骨卜辞有 :“贞 :有疾自，隹（唯）有壱（害）？”（合11506）这是古人占问鼻有疾，是否为患。在今天看来，这颇富喜剧效果，但在古人却是认真的，否则也不会煞有介事地占卜并铭刻下来。在金文中，“自”写作“”。这个时候，“自”的写法与现在的字形已经非常接近了。

鼻又称“准”。《史记·高祖本纪》记载，汉高祖刘邦“隆准而龙颜”，“隆准”是指鼻子挺拔。在古代的相面术中，鼻子很有标识性意义，“鼻为中岳，其形属土，为一面之表，肺之灵苗也……隆高有梁者，主寿 ；若悬胆而截筒者，富

『有疾自』甲骨卜辞拓片

贵”（《神相全书》）。当年富豪吕公就是看中了刘邦的大鼻子，把自己的女儿嫁给了这个穷小子，这个女儿就是后来历史上赫赫有名的吕后。

相面术多有迷信的色彩，但一个人呼吸通畅，是生命旺盛的表现，这是完全科学的。古人也常用呼吸的强有力来赞美人。汉董仲舒《春秋繁露·人副天数》云：“鼻口呼吸，象风气也。”宋苏轼《东林第一代广惠禅师真赞》云：“堂堂总公，僧中之龙，呼吸为云，噫欠为风。”这种形容呼吸的句子，极为生动形象，让人过目难忘。

鼻子是呼吸的基本通道，所以不管古人还是今人，验证一个病人还有没有生命体征，主要就是看其鼻孔还有没有呼吸。在古代丧葬中有“属纩（zhǔ kuàng）”的仪式。“属”是放置的意思，“纩”是新丝絮，“属纩”就是把新丝絮放在临死者鼻子前，试看是否还有气息。《礼记·丧大记》云：“属纩以俟绝气。”这充分表现了古人对生命的尊重。因为气绝了，也就证明人确实死了，可以举办丧礼了。所以后来“属纩”就慢慢成为人临终的代称。如《聊斋志异·祝翁》云：“人当属纩时，所最不忍诀者，床头之昵人耳。”蒲松龄说的是，人临终之时，最不忍心分别的，是陪伴了几十年的床头老伴啊。

“自”字下面加个“心”字，就构成“息”字。其本义是呼吸、气息，经常和“鼻”字连用，称作“鼻息”。比如李白《古风·大车扬飞尘》诗云：“鼻息干虹蜺，行人皆怵惕。”宫中宦官们的鼻息都冲到彩虹上去了，真可谓趾高气扬，怪不得行人们都害怕地躲开。再比如常用“仰人鼻息”来比喻依赖别人，不能自主。《后汉书·袁绍列传》记载，冀州牧韩馥打算把冀州让给袁绍，他的手下说：“袁绍孤客穷军，仰我鼻息。”“仰人鼻息”有时也省作“仰息”，如《聊斋志异·婴宁》中，王子服相思病害得厉害，“转思三十里非遥，何必仰息他人”，就独自进山找婴宁去，成就了一段绝美爱情。

因为鼻子在人脸的中心位置，又是凸起的部位，所以，人们说到自己，尤其是炫耀自己的时候，都习惯于指向自己的鼻子。而在羞辱对方时，也会用手指向对方的鼻子，或者指责对方为“不要鼻子”。

自我意识是人类特有的高级心理活动，是人类对自己身心状态和对自己同客观世界的关系的确认。古希腊阿波罗神庙的门楣上镌刻着一条神谕：“人啊，认识你自己。”苏格拉底就很看重这句话。有人问苏格拉底什么最难，苏格拉底回答：“认识你自己。”

《老子》云：“自见者不明，自是者不彰，自伐者无功，自矜者不长。”（《老子·二十四章》）意思是自逞己见的人不能明辨是非，自以为是的

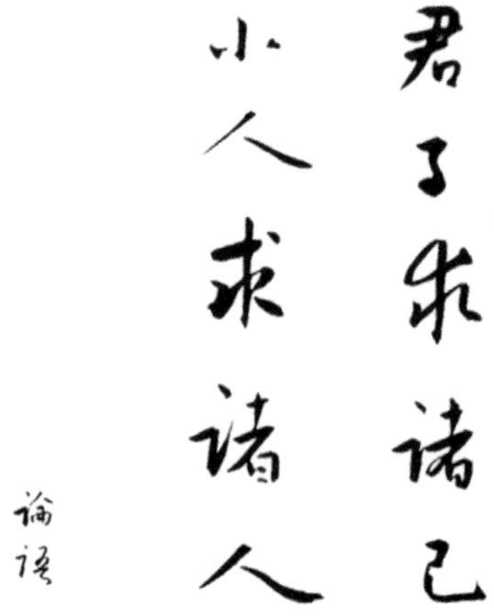


《论语》句——孙熙敏书

人无法彰显才干，自夸的人很难建功立业，骄傲自大的人不可能长久。总之，一个人对自己要有清醒的认识。那些自视太高、刚愎自用，喜欢自我炫耀的人，实乃画地为牢而不自觉者。

孔子云：“君子求诸己，小人求诸人。”（《论语·卫灵公》）指君子遇到问题时是从自身找原因，而小人则是撇清自己，一味从别人身上找原因。孔子的学生子贡请教孔子，有哪一句话可以终身践行？孔子回答：“己所不欲，勿施于人。”（《论语·颜渊》）这是处理人际关系的重要原则，也是一句有着深刻内涵的道德箴言，千百年来一直被中国人奉为基本的行事准则。后来孟子说：“行有不得者，皆反求诸己。”（《孟子·离娄上》）也就是，做任何事若是没有达到预期效果，不要怨天尤人，而要反躬自问。孟子是个好传人，这是对孔子思想的认真继承。

上述这些“己”，都是第一人称代词，表示自己。“己”是“纪”字的早期写法，本来表示丝缕的头绪，后假借为第一人称代词，指自己。“自”和“己”虽然都表示第一人称，但开头都是各自单独使用的。后来，汉语词汇的单音词逐渐向双音词发展，“自”和“己”最终合并为一个词。比如明人李贽在《焚书·杂述·杂说》中云：“夺他人之酒杯，浇自己之垒块。”这不但是语言学上的一个绝佳例证，也早已是中国小说理论史上的著名论断了。

“自”的旁边加个“口”字而构成一个“咱”字。这是一个民间俗字，始见于宋代，元、明之后使用更为普遍。“咱”是“自家”二字的合音，在早期白话中读为 zá，“家”在这里是一个词缀，即只用来凑足音节，不表示实际意义。“咱”（zá）相当于单数“我”。在表示复数“我们”时，读为 zán。

“自”既是个独体字，也常常作部首，凡由“自”组成的汉字，大多与鼻子或鼻子的功能有关，如“臭”。

“臭”，以表示鼻子的“自”和“犬”两部分组成。因为狗的鼻子非常灵敏，所以“臭”表示用鼻子辨别气味，后引申为名词，指气味，读音为 xiù，包括香味、臭味等各种气味。如《周易·系辞上》云：“二人同心，其利断金；同心之言，其臭（xiù）如兰。”这说的就是兰花的香味。后词义缩小，专用以表示难闻的气味，读为 chòu。而“臭”再加“口”另造了个“嗅”字，来表示用鼻子闻气味。

战国时楚怀王的宠妃郑袖得知楚王新得一美女，为了固宠，郑袖对美女说，她美中不足之处是鼻子，于是美女见到楚王就捂着鼻子。郑袖又对楚王说，这是因为美女厌恶大王您身上的味道。楚王闻言大怒，下令“劓（yì）之”，即割下了她的鼻子。劓刑是古代的五刑之一，遭受劓

劓鼻固宠——赵红云画

刑的人因相貌丑陋，令人生畏，常被派去守关隘。如《周礼·秋官·掌戮》云：“劓者使守关。”郑玄注曰：“截鼻亦无妨，以貌丑远之。”这解得就很的（dí）当。

犯罪的“罪”字本写作“辠”，由“自”（鼻子）和“辛”（刑具）两部分会意而成，“辠”的本义就是割去鼻子，即劓刑，后来才由刑罚引申为犯罪的行为。古“皇”字的上部本写作“自”，秦朝时，中国的第一位皇帝秦始皇觉得这个带有贬义色彩的“辠”字和尊贵的“皇”字相似易混，遂命人将这个字改掉。于是改用本义为捕鱼竹网的“罪”字表示犯罪。“罪”字上面的“罒”（wǎng）即“网”字，下面一个“非”字，合起来好似将为非作歹的人抓住。这种写法的“罪”字沿用至今。

古『罪』字

古『皇』字

小篆『罪』字

“自”是一个古老的汉字，伴随着中国人转过了三千多个年轮，其间，风自来，雨自来，潺溪自来，春自来，大自然的美缤纷而至，如有神推，而人性之美，却需要人们去恶向善，除妄归真，在对自我不断地雕琢之后，方得兰心蕙质，方得真自在。

# 〖由〗

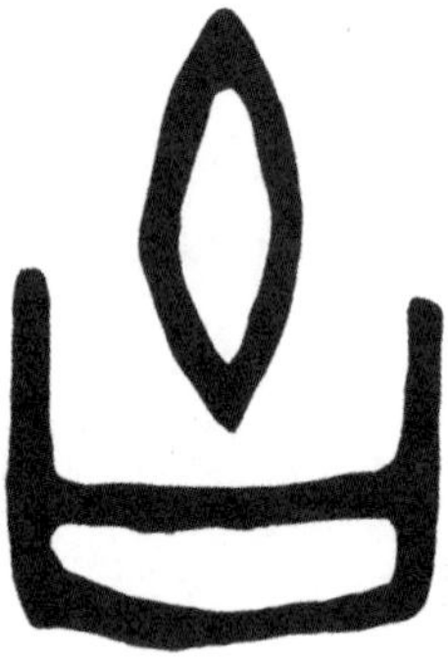

甲骨文「由」

社会主义核心价值观的第五个词是“自由”，其第二个字是“由”。

“由”，甲骨文作“”。“由”的造字理据，众说不一。有人释为盛酒浆的陶器，有人释为树木新长出的枝条，有人释为过滤酒糟的竹篓……至今没有定论。甲骨卜辞有“方由今春凡”（合4596）的句子，意思是说敌人从今年春天起会来进犯，“由”在这里的用法相当于介词“从”。

《诗经·齐风·南山》云：“鲁道有荡，齐子由归。”意思是鲁国的大路平坦宽广，齐国的姑娘文姜出嫁从这里经过。《论语·雍也》中，子游做了武城县的县长，孔子问他，你发现什么人才没有，子游说：“有澹（tán）台灭明者，行不由径，非公事，未尝至于偃之室也。”意思是有个叫澹台灭明的人，做事堂堂正正，从来不抄小路，不是为了公事，也不到办公室来找我。子游很欣赏澹台灭明，是因为澹台灭明这个人做事有原则、不投机，奉公守法、公私分明，如果不是为了公事，从来不会跑到领导那里，拉关系、走门路。

孔子还有个学生叫仲由，字子路。从这个名和字也可以看出，在古人的观念中，人们的行之所由是路而不是径。路指的是大路，径指的是小道。

《老子·五十三章》中云："大道甚夷，而民好径。"意思是大道很平坦，而世人却喜欢抄近道，走崎岖不平的小路。老子以"径"喻指歧途。"行径"一词，后来多指那些目的不纯的所作所为。

屈原《离骚》云："彼尧舜之耿介兮，既遵道而得路。何桀纣之猖披兮，夫唯捷径以窘步。"在赞美尧舜走大路的同时，也批判了桀纣的抄小道，走捷径。

《礼记》一书，专讲古代的典章制度，其中有一句说："送丧不由径。"（《礼记·曲礼上》）意思是丧礼是一件庄重严肃的事，护送灵柩时不能贪图轻松而走小路。中国古代的许多礼仪制度现在几乎消失殆尽了，唯有婚礼和丧礼这两件事，因为兹事体大，还不敢过于怠慢，所以在迎娶送丧的路途上，几乎没有人贪一时之便利而抄小路，不走大路。

可见有些礼仪制度经过数千年的慢慢浸淫，已经深入人们的灵魂中了。同理，许多古代的优秀文化传统，表面上看起来已经式微不存，其实是我们没有真正去发扬光大；只要我们真心去发扬光大，而不是为图一时之利而喊口号、走捷径，中华民族的文化复兴是定能实现的。

『由斯道』匾额拓片（中华民国时期刻石，现藏于太原市杏花岭区山西会馆）

孔子周游列国，推行他的政治主张，也可以说是文化复兴策略，但收效甚微。孔子对此很不理解，于是发出了这样的质问：“谁能出不由户？何莫由斯道也？”（《论语 · 雍也》）这里的“由”，是经由的意思。这句话是说，谁能不经过房门而走到院子里呢？为什么没有人遵循我所倡导的仁道呢？

孟子也有类似的感触，他说：“仁，人心也；义，人路也。舍其路而弗由，放其心而不知求，哀哉！”（《孟子 · 告子上》）宋代的朱熹注释说，义是人们一切行为都应该遵循的，是人们出入往来的“必由之道”。现在我们常说的“必由之路”这个词，大概就是由此而来吧。

《史记 · 孝文本纪》云：“古者祖有功而宗有德，制礼乐各有由。”这里的“由”是缘由的意思。这句话是说，天地万物人伦教化，都有必然的缘由，不会无缘无故地出现。实际上，人们对于世间万端，也总习惯于上溯它们产生的源头，好像由此，可以为它们找到合理的解释。若真是找不到，也会想当然地为其安放一个“合理”的缘由。

胡适说：“历史上有许多有福之人。一个是黄帝，一个是周公，一

庄子冥思——赵红云画

个是包龙图。上古有许多重要的发明，后人不知道是谁发明的，只好都归到黄帝的身上，于是黄帝成了上古的大圣人。中古有许多制作，后人也不知道究竟是谁创始的，也就都归到周公的身上，于是周公成了中古的大圣人，忙得不得了，忙得他‘一沐三握发，一饭三吐哺’！这种有福的人物，我曾替他们取了个名字，叫‘箭垛式的人物’；就同小说上说的诸葛亮借箭时用的草人一样，本来只是一扎干草，身上刺猬也似的插着许多箭，不但不伤皮肉，反可以立大功，得大名。”（《中国章回小说考证·三侠五义序》）

相反，一些恶行也会集中算到某些恶人身上。孔子的弟子子贡就说过：“纣之不善，不如是之甚也。是以君子恶居下流，天下之恶皆归焉。”（《论语·子张》）意思是商纣王虽然坏，却也不像传说中的那么厉害。所以君子最讨厌身有污行，一旦如此，天下的坏事就都算到他头上了。难得子贡这么客观公正，真是一个聪明正直的人物形象。

由此可以得到一个启示，我们一般人虽然不能成为圣人，却也可以做个合格的公民，千万不要成为恶人。箭射到圣人身上不伤皮肉，若是射到坏人身上，乱箭攒身，滋味绝对不会好受。

《尔雅·释诂》云：“由，自也。”《玉篇》云：“自，由也。”“自”和“由”本来是同义词互训，一旦结合成一个词，就有了新的意义。那么，何谓“自由”？

庄子一生旷达超脱，追求绝对的精神自由。楚威王曾以重金邀其出仕，他说宁愿做拖着尾巴在泥地里爬行的乌龟，也不愿做供奉在庙堂上的龟骨。与庄子几乎同时期的古希腊哲学家狄奥根尼也是自由的追寻者，

狄奥根尼——时玉龙画

他长期住在一个木桶里，所有的财物就是一件斗篷、一根棍子和一个面包袋。有一次，亚历山大大帝问他需要什么，并承诺帮他实现，狄奥根尼说："我希望你闪到一边去，不要遮住我的阳光。"

追求自由，是人类的天性。美国革命者杰佛逊说："给我们生命的上帝，同时给了我们自由；武力之手可以毁坏二者，但不能将二者分离。"1847年，匈牙利诗人裴多菲创作了一首深入人心的小诗《自由颂》："生命诚可贵，爱情价更高。若为自由故，二者皆可抛。"这首诗写出了人们对自由义无反顾的追求。可见，自由就像空气，是不可或缺的。但是自由不是一个人想做什么就做什么，这样的自由，在社会生活中显然

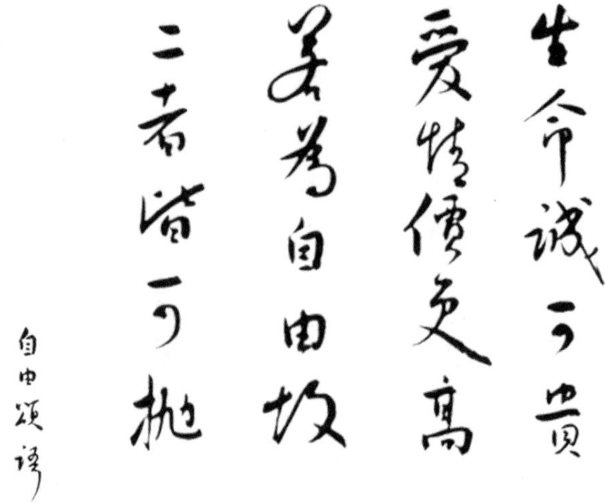


《自由颂》——孙熙敏书

是行不通的。

首先，自由受限于人类社会的发展阶段和个人的遭际。唐人罗隐在《筹笔驿》诗中凭吊诸葛亮，云：“时来天地皆同力，运去英雄不自由。”时势顺利时仿佛天地都与你齐心协力，大运一去就算你是英雄豪杰，也无能为力，只能徒唤奈何。

英雄命运的兴衰似乎是不以个人意志为转移的。历史上怀才不遇的人不可胜数，比如著名的“冯唐易老，李广难封”（〔唐〕王勃《秋日登洪府滕王阁饯别序》），寥寥八个字，就包含着对时运不济的无限感慨。王安石有一首诗云：“风吹瓦堕屋，正打破我头……我终不嗔渠，此瓦不自由。”（《拟寒山拾得二十首》）用风趣幽默的语言，说出了人与物都有身不由己的时候。

清代的曾国藩则从另一个角度，对人生的际遇给出了自己的态度。

他于戎马倥偬之中，还不忘给儿子写信说：“凡富贵功名，皆有命定，半由人力，半由天事。惟学作圣贤，全由自己做主，不与天命相关涉。”（《曾国藩家书》）曾国藩认为功名的取得不能完全由自己做主，而完美的德行却是完全有可能靠自己修炼而成的。

其次，自由还需要建立在合理的社会秩序上。法国18世纪伟大的思想家卢梭在《社会契约论》中写道：“人，生而自由，但却无往不在枷锁之中。”社会性是人的本质属性，人处在种种社会关系之中，契约是对自由的限制，也是对自由的保护。自由不是放任，不是为所欲为，对此荷兰思想家斯宾诺莎一语中的，他说：“自由，是认识了的必然。”即自由是事物按照其必然规律而运动。

人的自由也应当是建立在理性基础之上的对个人意志的听从。在一个有法可依的社会里，自由是做一个人想要做的事或应该做的事，而不

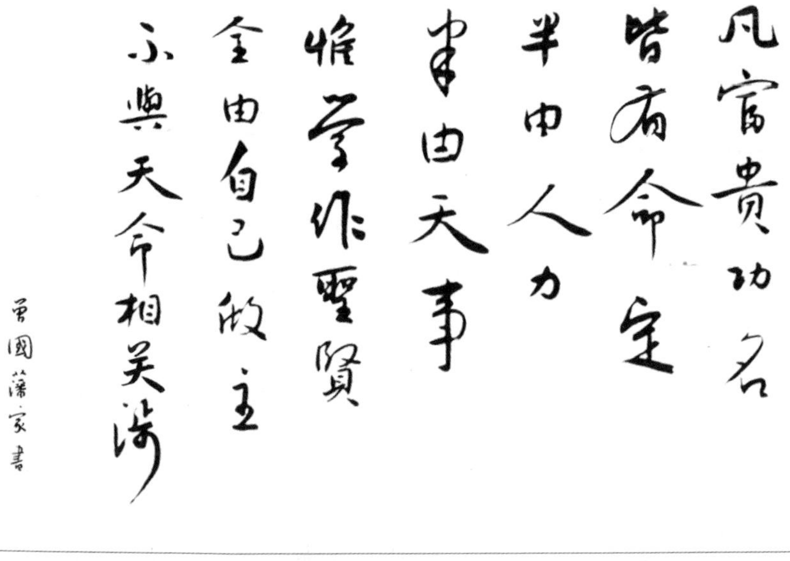


《曾国藩家书》句——孙熙敏书

强迫他做不想做或不应该做的事。在追求个人自由的过程中，绝不可以以牺牲他人、民族、国家的利益为代价。

# 【平等】

# 【平】

金文「平」

社会主义核心价值观的第六个词是“平等”，其第一个字是“平”。

民间有这样一则谜语，“六十不足，八十有余”，打一字。因为“平”字上面加一点就是六十，上面去一横就是八十，所以这个谜语的谜底就是“平”。

“平”，金文作“乎”，《说文解字》的解释是：“语平舒也。从亏，从八。”“亏”表示气息平舒，“八”有“分”义。“平”，本义是气息均匀分布，不闷不堵，心态温和而平正，语气平和而舒缓，说者听者均感舒服。这是一种理想的境界。后来就此引申出平坦、太平、公正等意思。比如对于某一问题或现象，为了表明自己的客观公正，在发表评论之前，人们往往喜欢冠以“平心而论”四个字。“平心”指心平气和。“心平气和”，就是平心静气地给予客观评价，不掺杂任何个人感情。

中国最早的医学典籍《黄帝内经》云：“平人者，不病也。”（《黄帝内经·平人气象论》）传统中医认为，身体的内在和外在保持平和，人就会健康无病。在心态上达到“平”，是一种养生方式，也是修身之要务。《荀子·君道》云：“血气和平，志意广大，行义塞于天地之间，仁智之极也。”即心平气和，思想开阔，德行道义充满于天地之间，仁德智慧达到了顶点。荀子认为，这是圣人应该具有的气质风度之一。我们不是圣人，虽然心向往之，却是实不能至。

当然，我们平常人也有平常人的养心哲学。正如宋代诗人郑侠所云：“天险尝闻不可升，人间危堑更难名。欲知平步亭中意，平得心来处处平。”（《题灵峰平步亭》）山上的天险也罢，人间的危堑也罢，都是人生

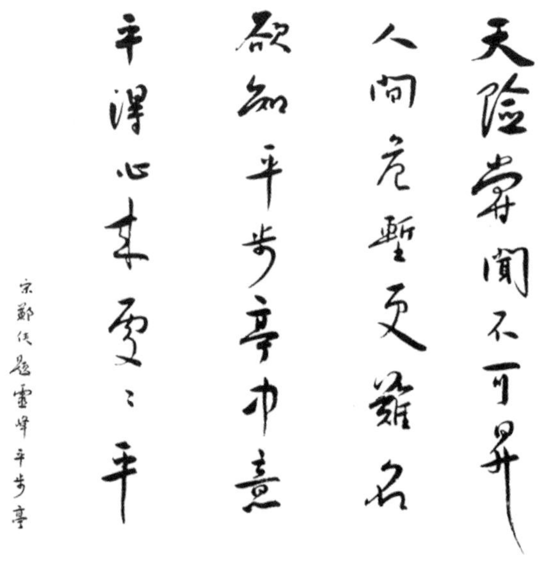

宋·郑侠《题灵峰平步亭》——孙熙敏书

路途上的艰难险阻。但是，到平步亭走走，就会明白，只要我们把心放平，世间的一切路途，就都会成为坦途。

唐白居易诗云："清泠由木性，恬澹随人心。心积和平气，木应正始音。"（《清夜琴兴》）清泠的琴音是木头的本性，恬澹的情怀是人心的本性。若能心平气和去演奏古琴，"人心"与"木性"合一，乐曲将会更加自然而纯正。这里的"和""平"是温和、平静的意思。因为"和"与"平"意义相近，故常连用，如"药性和平"或"药性平和"，就是指药的性质、气味和功能温和，不冲、不猛、不剧烈。后来"和平"又指和洽安宁。《管子·正》云："致德，其民和平以静。"意思是对百姓施以仁德，百姓就和平而安定。《周易·咸卦·象》云："天地感而万物化生，圣人感人心而天下和平。"意思是天地阴阳交感，万物就会化育生长；圣人感化人心，天下就会海清河晏，和谐安宁。

《尚书·洪范》云："无党无偏，王道平平。"是指执政公正，没有偏向，国家就会治理得井然有序。汉代的陈平，年轻时曾在乡里社祭中掌管分配祭肉，他将祭肉分得非常均匀，受到大家的赞赏。陈平感慨道："使平得宰天下，亦如是肉矣。"（《史记·陈丞相世家》）通过分肉，陈平表达了自己公平的执政理念和远大的政治抱负，他说，假使我陈平能够主宰天下，也会像分肉一样把一切分得公平。《太平经》是汉末道家的主要经典，书中将世道分为三个层次：太平、中平、不平，认为太平盛世是最为理想的社会，倡导平均主义的分配原则和官民平等的朴素民本思想。这种理想确实颇为诱人。

明末清初的思想家唐甄，针对封建等级宗法制度，提出了"以平治政”的社会平等观，指出要通过“抑尊”，即抑制专制君主的特权，来追求社会平等。他认为：“天地之道故平，平则万物各得其所。及其不平也，此厚则彼薄，此乐则彼忧。”（《潜书·大命》）他说，天地运行的规则本来是公平的，公平了万物就会各得其所；一旦不够公平，有富人就会有穷人，有人享受快乐就会有人遭遇忧伤。这样的社会，就不是一个人人安居乐业的理想社会。

西周时期，姜太公到齐国主政五个月后，就向周公汇报政事已经安排妥当。周公怪其速，姜太公说，不改变其风俗习惯，只是简化了齐国的君臣礼仪，所以政局很快就安定下来了。周公感叹道：“平易近民，民必归之。”（《史记·鲁周公世家》）即政令平和简易，就会吸引百姓归顺。这就是成语“平易近人”的出处，后引申指待人态度谦逊和蔼，很容易让人接近。这也是待人接物的一种理想境界。

《春秋公羊传》有个“宋人及楚人平”，就是宋国人和楚国人讲和的故事。楚国围攻宋国都城，仅剩七天军粮。在打算撤军之时，楚国的大夫子反登上山坡窥探宋国都城的虚实，恰巧宋国大夫华元也来窥视楚军。子反问华元，你们城内情况如何？华元说，易子而食，用骨头烧火，非常困难。子反问，你怎么对我说实话呢？华元说，君子看到别人的痛苦就会怜悯他们，小人看到别人的危难才会幸灾乐祸。我看您是一位君子，才会实言相告。子反也实话实说，说楚军粮少就要撤军了。楚王闻之大怒，批评子反向对方泄露机密。子反说，一个弱小的宋国尚且有说实话的大臣，我们楚国难道就没有吗？楚王无奈，只好撤军。

《春秋公羊传》在记述这段历史前特意说明，鲁国之外的别的诸侯

烽火报平安——赵红云画

国间的讲和,《春秋》是不记载的,唯独这次讲和记载了下来,为什么呢?书中的答案是“大其平乎己也”。“大”在这里是赞美的意思,就是说要特别赞颂一下,这是一次两国自己主动的讲和。面对战争带来的苦难,两位善良的大夫见机行事,讲和停战,用真诚、智慧和勇气为宋、楚两国人民谋得了福祉。

千百年来,岁月静好、一生平安,就是老百姓最大的幸福。因此人们常以书信报平安,称为“平安纸”或“平安信”。纵使“马上相逢无纸笔”,也要“凭君传语报平安”(〔唐〕岑参《逢入京史》);纵使没有什么好东西可寄,也要“聊赠一枝春”(〔南朝〕陆凯《赠范晔》),遥寄深情而温暖的问候,诗意地道一声“平安”。

唐代,边防线上每三十里设置一个烽火台,若边境无事,入夜会放一次“平安火”。若有贼寇入侵,会连举三次烽火报警,贼退即放“平安火”,以示平安正常。唐元稹《遣行》诗云:“迎候人应少,平安火莫惊。”唐王维《使至塞上》诗云:“大漠孤烟直,长河落日圆。”这里的“孤烟”,也极有可能就是薄暮之时照例燃放的平安火。

“平”的意思既然如此美好,人们取名自然就喜欢用之。战国时伟大的爱国诗人屈原,就名“平”,字“原”。古人的名与字有着密切联系。《尔雅·释地》云:“大野曰平,广平曰原。”屈原在《离骚》的开头介绍身世,也说:“皇览揆余初度兮,肇锡余以嘉名。名余曰正则兮,字余曰灵均。”意思是说:父亲仔细观察我出生时的模样,赐给我一个美名。我的名叫正则,我的字叫灵均。其实“正则”也好,“灵均”也好,都暗藏着一个“平”字,因为“正则”就是公平的法则,“灵均”就是平整的土地。

唐代韩愈认为好的文学家是“善鸣者”，其背后是“不得其平”，即没有被公正地对待，并进而提出了“不平则鸣”论。韩愈解释，自然界的一切事物处在不平的时候就会发出声音。如树木本没有声音，风吹动，就会出声；水本没有声音，流动中被阻塞就会有声音。人也是这样，内心积愤难平时就会慷慨陈词。杜甫诗云“文章憎命达”(《天末怀李白》)，纵观历代文人学士的命运，文才出众的人似乎总是命途多舛。

韩愈运用辩证思维，阐明运途的不济会激发文人对世界深刻的认知、感悟及强烈的倾诉意愿。他所倡导的古文运动，就是主张要揭示现实社会的不平。“不平则鸣”，就是强调文学的抒情言志功能，表现了韩愈对社会不平的强烈批判意识。这种批判意识，是中国文学的优良传统，即使在当今时代，也是弥足珍贵的。“不平则鸣”，后来多指当受到不公正的待遇或遇到不公平的事时，就要表达不满或反抗。而与之不同，那“胸有激雷而面如平湖”者，又何尝不是一种更高的修为，令人肃然起敬呢。

# 〖等〗

篆文『等』

社会主义核心价值观的第六个词是“平等”，其第二个字是“等”。

“竹寺等僧归，双手拜四维罗汉；木门闲客至，两山出小大尖峰”，这是副拆字联。拆字联是把一个字拆解成几个字，将这些拆解而来的字和被拆字，巧妙地编成对联，饶有风趣地展现汉字造字的巧妙和汉字间的关联性。那么，由“竹”和“寺”组合而成的“等”字，最初的意义是表示竹林寺还是拆字联中所表示的等待义？

许慎《说文解字》释云：“等，齐简也。从竹，从寺。”“竹”，指竹简。“寺”，本指官府、衙署，东汉末佛教传入中国后才有了寺庙的意思。官府是各级官员办公处理政务的地方，所以存放着大量剪裁划一的简策。“等”的本义是齐简，即长度相等的竹简。一直到今天，任何一个公务人员办公室的文件柜里，都存放着一定数量的各类文件。只是用 A4 纸代替了竹简，其实质与古时并无二致。

“等”由等长的简策，引申出等同、相等义。如《淮南子·主术》云：“有法者而不用，与无法等。”虽然有各种法令，却不去认真执行，这和没有法令是一样的。又如成语“等量齐观”，指对有差别的事物等同看待。“等闲视之”，指把重要的人或事看得和普通的人或事一样，常与否定词连用为“不可等闲视之”，强调要予以足够的重视。“等闲之辈”指无足轻重的寻常人。《史记·陈涉世家》中陈胜、吴广谋曰：“今，亡亦死，举大计亦死；等死，死国可乎？”这里的“等死”，不是眼睁睁等待死亡到来，而是说举大计造反和逃跑同样是死，所以不如为国事而死来得痛快并能够死中求活。

据《宋史·兵志七》，宋太祖招募士兵时，会先挑选体格强健的士兵作为“兵样”，分送各地，各地以此为参照标准，招募士兵。后以“等长杖”，即刻有尺寸的木棍，代替兵样。如上等天武军兵士，定为五尺八寸（约1.8米），而厢兵（维持治安的地方兵）则定为五尺二寸（约1.61米）。

清段玉裁在《说文解字注》中，对“等”作了进一步的解释：“凡物齐之，则高下历历可见，故曰等级。”相同的事物放在一起比较之后，就显现出了差别和层级。

汉班固作《汉书·古今人表》，将人分为上上、上中、上下、中上、中中、中下、下上、下中、下下九个等级，后以“九等人表”泛指各种人才。清陈康祺《郎潜纪闻》云：“一堂宾从之贤，皆九等人表之最。”清金圣叹在《读第五才子书法》中说：“一百八人中，定考武松上上。时

为坛三成——赵红云画

迁、宋江是一流人，定考下下。”这种品评人物的说法，大概也是受了班固的影响，庄中有谐，读来妙趣横生。

中国封建社会是一个金字塔形的等级社会，上下有制，尊卑有序，贵贱有别，不容僭越。周王室将诸侯分为公、侯、伯、子、男五个等级。据《周礼·秋官·司仪》云："将合诸侯，则令为坛三成……及其摈之，各以其礼。公于上等，侯伯于中等，子男于下等。”意思是天子有事要召集诸侯，就会在城外建一个三层的土坛。坛之阶有三层，分为上、中、下三等。迎宾时，觐见行礼，公在坛的最上层，即上等；侯伯在坛的中间一层，即中等；子男在坛的最下层，即下等。

在古代，等级制度无所不在。鼎是等级和权力的象征，西周的列鼎制度是“天子九鼎，诸侯七，卿大夫五，元士三也”（《公羊传·桓公二年》〔东汉〕何休注）。古代的棺椁制度也有明确的等级划分，《礼记·檀公上》云：“天子之棺四重。”东汉郑玄注：“诸公三重，诸侯再重，大夫一重，士不重。”“重”指外面再加的一层。依照这个标准，天子的棺材五层，诸公四层，诸侯三层，大夫二层，士人一层。

按照西周礼乐的规定，跳舞的人数“天子用八，诸侯用六，大夫四，士二”（《左传·隐公五年》）。这里的“八”指“八佾（yì）”，即舞蹈时列八排，每排八人，共六十四人。八佾是天子的礼乐，诸侯只能用六佾，大夫用四佾，士用二佾。鲁国季氏的身份是大夫，按规定他只能用四佾，他却按照天子的等级以八佾舞于庭。孔子认为这是不能容忍的事，他愤怒地斥责道：“八佾舞于庭，是可忍也，孰不可忍也？”（《论语·八佾》）

周礼在祭祀、婚丧、出行、宴饮、服饰等各个方面都有详细烦琐的等级规定。这种等级差异在人们的心中逐渐形成了定式。南北朝的《孙子算经》中有一道有趣的数学题，题目是："今有五等诸侯，共分橘子六十颗。人别加三颗。问五人各得几何？"答案是："公一十八颗。侯一十五颗。伯一十二颗。子九颗。男六颗。"似乎如此自上而下有等级差别分橘子才是得当的，否则就是不合"礼"。

在儒家看来，礼的精神就是有序，人人平等和礼崩乐坏是一回事，有序的不平等才是和谐的社会。孔子推行的礼制受到了诸侯、大夫们的尊敬，但没有人去真正采纳和执行他的主张，因为孔子提倡的等级制是一把双刃剑，对下来说，有利于诸侯、大夫们稳固自己的统治，对上来说，等级制又成为诸侯、大夫们的一个限制。这也是为什么孟子会说"孔子成《春秋》，而乱臣贼子惧"（《孟子·滕文公下》）的原因。孟子积极评价孔子的等级思想体系，认为只有遵循等级的次序，才能有效地防止犯上作乱，维护社会的稳定。

庄子面对社会的等级差别，主张人们用相对主义的思想方法去否认等级差别，通过"无己""无待""坐忘""齐一"的理念达到精神上的平等。对一般人来讲，这是很难做到的。因此，荀子批判道："庄子蔽于天而不知人。"（《荀子·解蔽》）就是说，庄子整天沉浸在超验的天理中，对于眼前的现实人生并无真切了解。

荀子认为："人无礼则不生，事无礼则不成，国家无礼则不宁。"（《荀子·修身》）他的弟子法家代表人物韩非则认为，仅凭儒家的道德说教无法规范社会等级，只有用法才能有效地保持等级的差别和尊严，所以提倡"不务德而务法"，他轻视德治而崇尚法治，认为只有法治，"一国可使齐”(《韩非子·显学》)，才能使国人的思想和行动整齐划一。

西汉贾谊认为：“等级分明，则下不得疑。……等级既设，各处其检，人循其度。……下不凌等，则上位尊；臣不踰级，则主位安。”(《新书·服疑》) 即建立了严格的等级制度，就可以做到上下有别，君臣相安。

封建社会的等级差异也不是一成不变的。钱穆指出，自古洎（jì）今，中国社会的各个阶层实际上是在一天天地趋向平等，等级的概念在不断弱化。例如，在经济上，基本各个朝代的赋税制度都有抑制贫富差距的意图；在政治上，从唐朝开始，通过考试选拔官员的科举制度，极大地削弱了门阀贵族的特权。(《中国历代政治得失》)

人人平等是整个社会的追求，但人们也已经认识到平等是一个相对的概念，绝对的、无任何差异的平等是不存在的。在一个完全无等级无差异的社会中，人的主动性、进取心会被消磨掉。所以，

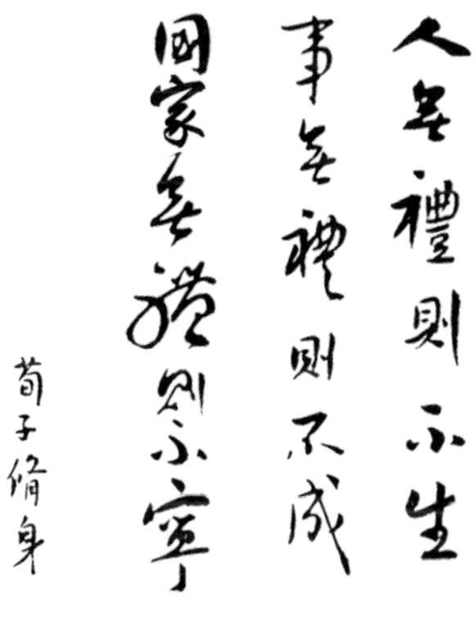


《荀子》句——孙熙敏书

追求平等，不是要彻底消除等级，而是要消除等级中不合理的方面。

“差别”与“平等”在佛学上是两个相对的概念。“差别”指事物的差异、不同。“平等”并不是抹杀现象上的种种差别，而是不去执着这种差别。佛教认为，差别是妄念的反映，舍离差别之见，才能达到开悟境界。顽固不化的“我执”和自以为是的“我见”，实为造成不平等和纠纷的罪恶渊薮。只有把我见转化为平等智，才能达到人我平等，自他一体。在佛家的观念中，“智”是分别力，就是把万事万物分别开来的能力，“慧”是平等力，是把万事万物看作没有差别的能力。这两种能力合起来，才是“智慧”。

严复认为佛教的平等是一种“消极的平等”，但它为众生在理想的世界里找到了平等解脱的根基，从而成为人们的精神支柱。康有为在《大同书》中说：“吾谓百年之后必变三者，君不专，臣不卑，男女轻重同，良贱齐一。呜呼！是佛氏平等之学矣。”继康有为之后，梁启超、谭嗣同、章太炎等，也从佛教的平等观念出发，抨击封建的“三纲五常”制度，反对君权，推行变法，提倡男女平等、人人平等，对推翻封建伦理纲常发挥了重大作用。

孔子曾经说过：“有国有家者，不患寡而患不均。”（《论语·季氏》）据2019年1月21日慈善组织乐施会（Oxfam）公布的最新数据，全球最富有的26人财富的总和，相当于最贫穷的38亿人财富的总和，这38亿人构成全球一半人口。

当然集体的贫困固然不好，当前惊人的贫富差距，也着实令人担忧。美国斯坦福大学历史学家沃尔特·沙伊德尔在《大调平器》一书中研究了历史上出现的有效缩小贫富差距的方式，结论是只有两种方式，一是大规模的暴力，一是瘟疫。这个结论让人悲观，也给人警醒，期待着出现第三种和平的解决方式。中华民族是最富有智慧的民族，应该有能力避免“暴力”和“瘟疫”，而向世界贡献新的等贫富的理论和方法。

# 【公正】

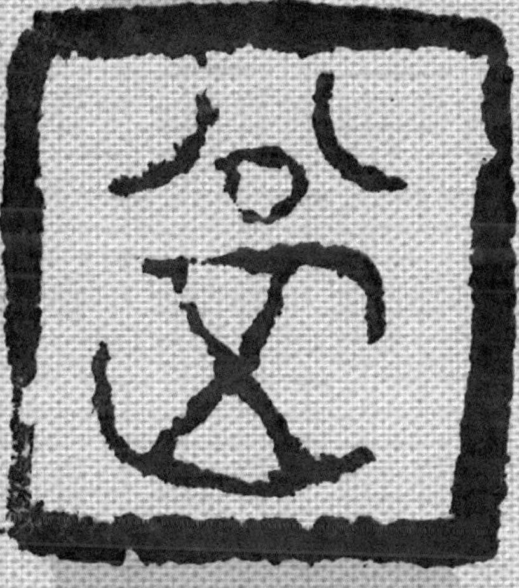

# 〖公〗

甲骨文「公」

社会主义核心价值观的第七个词是“公正”，其第一个字是“公”。

公，甲骨文作“”，上面的“八”字为“分”字的初文，下面是形似“口”字的器皿。“公”就是将器皿中的食物公平、合理地分割、分配。这个字形可能是源于原始社会部落首领把食物平均分配的习俗。

在甲骨文、金文中，“公”多指先公，即对祖先的尊称。战国时期，“公”字的写法出现变形，有些字下部写得不像“口”而似“厶”字。韩非说：“古者苍颉之作书也，自环者谓之私，背私谓之公。”（《韩非子·五蠹》）“公”和“私”意义相背，这没有说错，但他把这个后起的字形，看作是仓颉造字的初文，就有点望文生训了。

中国最早的爵位制度分为五等：公、

侯、伯、子、男。公是诸侯爵位之首。“诸侯之子称公子”“公子之子称公孙”（《仪礼·丧服》）。“公子”是古代诸侯之子，后泛指贵族的子孙。

《诗经》中出现的由“公”构成的复合词，都是与公相关的人、物、事。如“公族”“公子”“公孙”，指与公相关的人；“公庭”“公所”，是与公相关的场所；“公车”“公田”，是与公相关之物；“夙夜在公”之“公”，是指公事，即与贵族相关的事务。

《诗经·小雅·大田》云：“雨我公田，遂及我私。”这句话是祈祷下雨先下到公田里，多余的再下到农奴的私田上。这里“公”与“私”对举，可谓“公”“私”分明。

有“公”就有“私”，这是一对矛盾。《尚书·周官》云：“以公灭私，民其允怀。”意思是以公心灭私情，民众才会心悦诚服。管子认为“行私则离公，离公则难用”（《管子·正世》）。韩非子也认为“私行而公利灭矣”（《韩非子·五蠹》）。一方面是对私的批判，一方面是对公的颂扬，于是“立公灭私”就成为社会共识。

至于如何做到“立公灭私”，诸子百家各有各的看法。儒家认为要忍私克己，道家认为要回归自然，法家认为要一断于法，墨家认为要一同天下。虽然理论上提倡立公灭私，在实践上却难以做到。因为私是一种客观存在，“公”与“私”是矛盾的共同体，不可能以一方消灭另一方。一味追求灭私，结果只会是制造出一个短时期的虚假社会。

秦国的商鞅实行变法，吏治为之一变。秦相范雎邀荀子入秦，考察其政风民情。荀子对秦国的士大夫盛赞不已：“入其国，观其士大夫，出于其门，入于公门，出于公门，归于其家，无有私事也。不比周，不朋党，

倜然莫不明通而公也。”（《荀子·强国》）

荀子称这些公门、家门两点一线，不拉帮结派，不因私害公的士大夫为“公士”（《荀子·不苟》）。但是这些“公而无党”的主观品质，客观上培养的是忠君观念，满足了当时君主专制的需求。当把“公”的实现寄托在君主身上时，结果将如明末清初思想家黄宗羲所言：“以我之大私为天下之大公”（《明夷待访录·原君》），打着“公”的旗号，追求的却是一己私欲的满足。

《吕氏春秋》有《贵公》篇和《去私》篇，“贵公”就是在治理国家时，以社会利益和公共利益为重。《贵公》开篇即指出：“昔先圣王之治天下也必先公，公则天下平矣。”意思是过去圣王治理天下，一定把公心放在首位，有公心则天下太平。相反，失去天下是因为有偏私。

汉刘向《说苑》里有《至公》篇，其中有个“楚弓楚得”的故事：“楚共王出猎，而遗其弓。左右请求之。共王曰：‘止，楚人遗弓，楚人得之，又何求焉？’

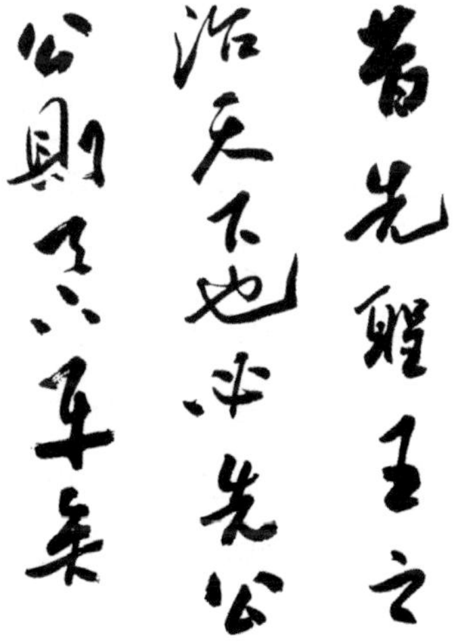


《吕氏春秋》句——朱茂刚书

仲尼闻之曰：‘惜乎其不大也，亦曰‘人遗弓人得之’而已，何必楚也。’仲尼所谓大公也。”刘向称赞孔子所说的才是“大公”。

《吕氏春秋·去私》云：“尧有子十人，不与其子而授舜；舜有子九人，不与其子而授禹，至公也。”这是赞扬尧舜都达到了“至公”的境界，他们在用人上出于公心，唯才是举。

《吕氏春秋·去私》中还有一个故事。晋平公问他的大夫祁黄羊说：“南阳缺个县令，谁担任好呢？”祁黄羊回答：“解狐就行。”晋平公问：“解狐不是你的仇人吗？”祁黄羊回答：“您问的是谁合适，又不是问我仇人是谁。”晋平公说：“说得好！”没过多久，晋国缺少一位武官尉，晋平公又问祁黄羊，祁黄羊推荐了自己的儿子祁午。晋平公问：“祁午不是你的儿子吗？”祁黄羊回答：“您要我推荐尉，没问我儿子是谁啊。”晋平公又说：“说得好！”孔子听说了这件事后，称赞祁黄羊：“外举不避仇，内举不避子。”祁黄羊才是真正的“公”。

“公”是一种没有偏私的、公允的处事方法。朱熹《朱文公政训》云：“官无大小，凡事只是一个公。若公时，做得来也精彩，便若小官，人也望风畏服；若不公，便是宰相，做来做去也只得个没下梢。”“没下梢”就是没有好结局；没有好结局，人生也就没有了“精彩”。

山西榆次老县衙有这样一副对联：“大其牖（yǒu），天光入；公其心，万善出。”意思是说，窗户开得大了，享受的阳光就多；凡事秉持公心，各种善念善举就随之而来。这是明人方孝孺的名言，他们移植引用得真是恰如其分，妙到毫巅。正如俗话所说：“身在公门好修行。”旧时衙门里大多数官吏贪赃枉法，坑害百姓。在衙门做事的人，掌握着公共权力和资源，行善容易，应该多行善，多做有利于百姓的事，就是积善修行。

人们常说："公道自在人心。"何为公道？《韩非子·内储说上》载："殷之法，刑弃灰于公道者断其手。"这里的"公道"是指公共道路，还不是一个抽象概念。《管子·君臣上》云："有符节、印玺、典法、策籍以相揆（kuí）也，此明公道而灭奸伪之术也。"这里的"公道"是指政治法度和公共准则。

普遍而抽象的"公道"概念始自荀子。荀子说："公道达而私门塞矣。"（《荀子·君道》）晋人傅玄云："有公心必有公道，有公道必有公制。"（《傅子·通志》）《三国志·蜀书·诸葛亮传》评价诸葛亮说："开诚心，布公道。"成语"开诚布公"即出于此。

当然，最大的"公"就是"公天下"。《礼记·礼运》引孔子言曰："大道之行也，天下为公。"在大道推行的时代，天下是天下人所共有的。《礼记》随之描绘了"天下为公"的大同世界：朝廷上选用的是德

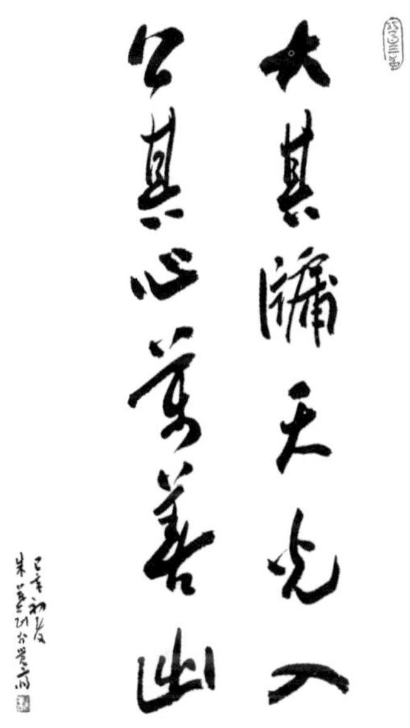


明·方孝孺语——朱茂刚书

才兼备的人；社会上人们不只是奉养自己的父母，还奉养其他人的父母；不只是养育自己的孩子，还养育其他人的孩子；老年人有养老的场所，青壮年有自己的职业，弱势群体能得到社会的供养；整个社会路不拾遗，夜不闭户。真是一个令人神往的理想社会。

“公天下”的理想，被后世思想家不断提及。两宋以前的思想家把君主看作是“公”的代表，把“天下为公”理解为臣民的义务。《吕氏春秋·贵公》提出了“天下非一人之天下也，天下之天下也”的观点，即天下非一家一姓之私有物，而是天下人所共有的。但其《执一》篇又说：“国必有君，所以一之也；天下必有天子，所以一之也。”

天下为公——韩天衡篆刻

虽然不是一人之天下，但还是以一人之意志为意志，这还不是后人所理解的“公天下”。明末清初思想家王夫之提出“不以一人疑天下，不以天下私一人”（《黄书·宰制》），这才接近了现代意义上的“天下为公”。孙中山非常推崇大同世界，并将“天下为公”作为自己的政治格言，这在当时对唤醒国民的民主意识起到了重要的作用。

孙中山像——赵红云画

孙中山题『天下为公』

“天下为公”的大同世界确实够美好的，我们憧憬着这个社会的真正到来，早日到来。

# 〖正〗

甲骨文「正」

社会主义核心价值观的第七个词是“公正”，其第二个字是“正”。

正，甲骨文作“”，上面的“口（wéi）”代表着城邑，下面的“止”是一只脚，合起来表示人朝着某个目的地走去。“正”字甲骨文字形上部多作方形空心，金文作“”，上部多作实心圆形，这是甲骨文和金文不同的书写方式造成的。甲骨文是用刀刻在龟甲或兽骨上，因而笔画多纤细、方直；金文多是浇铸而成，故多圆笔、粗笔和涂实。有的金文“”将实心点改写成一横，小篆字承续了这种写法。

甲骨卜辞有“王来正人方”（《甲骨文合集补编》11232）句，《诗·商颂·玄鸟》有“古帝命武汤，正域彼四方”句，这里的“正”都是指征伐。“正”字所表示的征伐，一般指正义之战，是有道伐无道，是一个褒义词。由此“正”字引申表示正义的、中正的。后来为了区别，征伐义加形符“彳”，构成形声字“征”。“正”是古字，“征”是今字，这种关系的字，文字学上称为古今字。

甲骨卜辞中还出现了“正月”一词，关于正月的得名，吴其昌认为殷商时期在每年的第一个月要举行巡狩之礼，故第一个月称为正月。[①]金文铭文中“正月”又作“征月”。“正”是一年的开始，“朔”是一月的开始。“正朔”就是一年的正月初一。

“正朔”又指帝王新颁布的历法。历史上每逢改朝换代，皇帝建国号，颁正朔就是一件大事。“奉正朔”就是指遵守朝廷公布的历法，承认自己与朝廷的关系。明人笔记《玉堂丛语》记载：明朝开国名将常遇春死后，高丽国王派人来致祭，祭文没署“洪武”年号，于是接待的大臣便严词质问：“不奉正朔，君臣之义安在？”

辛亥革命推翻清王朝，中华民国元年改用公历。公历是国际通用的纪年法，这其实是中国与国际的接轨，但遗老们却对此颇为不满，认为这是奉了西方的正朔。中华人民共和国成立时也确立以公历纪年，且没有废除农历，传统节日仍以农历为准。这是既视野开阔又通情达理的做法，因此人民大众都乐于接受。

屈原在《离骚》中说：“岂余身之惮殃兮，恐皇舆之败绩。”意思是，难道是我害怕招灾惹祸吗？我只担心祖国为此覆灭。宋洪兴祖云：“皇舆宜安行于大中至正之道，而当幽昧险隘之地则败绩矣。”[②]“大中

① 转引自于省吾主编：《甲骨文诂林》，中华书局1996年版，第791页。
② 洪兴祖：《楚辞补注》，凤凰书社2007年版，第7页。

至正”，是指做到最大极致的不偏不倚的“中”，就到达“正”的境界了。北宋司马光言：“正心以为本，修身以为基。”（《交趾献奇兽赋》）如果心不正、身不修，就好比树没有本、墙没有基，树和墙本身就不存在了。所以，对于君子而言，失去了“正”，等于失去了立身之本，是故君子要正而不他。

大中至正——朱茂刚书

在传统社会中，对“正”这一观念的遵循，伴随着人们的一生。孟子的母亲曾说：“吾怀妊是子，席不正不坐，割不正不食，胎教之也。”（《韩诗外传》）孟子还没出生，孟母就对他进行“正”的教育了。孔子的弟子子路战斗中还不忘戴正帽子，宁死也要顾及礼仪、规矩和尊严，被后人称为正冠君子。（《史记·仲尼弟子列传》）战国贤士黔娄去世，他的好友曾子前来吊唁，看到黔娄家贫困至连覆盖尸体的布都不够长，于是建议斜着盖，黔娄夫人说：“斜而有余，不如正而不足也。先生以不斜之故，能至于此。生而不邪，死而邪之，非先生意也。”（〔汉〕刘向《列女传》）可见黔娄及其夫人守正驱邪之心是多么坚定。曾子赞叹黔娄夫人是明理之人。清人《弟子规》中也强调学生要做到“冠必正”“笔砚正”“立端正”，这都是对“正”之观念的合理坚守。

“正”既然是个好词，很多事物也就喜欢以“正”冠名。比如“正史”“正宗”“正气”“正经”，等等。晋葛洪《抱朴子·百家》云：“正经为道义之渊海，子书为增深之川流。”这里“正经”指儒家经典，“子书”指诸子百家之书。“四书五经”曾经被读书人奉为“正经”，后来“十三经”也被视为“正经”。因科举考试以“正经”为考试内容，因而读“正经”就是正经事，“正经”成了正当、正派的代名词。如《红楼梦》第一一八回：“（宝钗）细想：他只顾把这些出世离群的话当作一件正经事，终久不妥。”《儿女英雄传》第二十一回写张太太长年吃斋，褚大娘子拿她取笑，“她也不管，还是一副正经面孔望了众人”。张太太过于正经，就不免引人发笑了。

中国古代，就是颜色，也分为正色和间色两大类。青、赤、黄、白、黑五种颜色是正色。由正色混合而成的绀（gàn）、红、缥（piǎo）、紫等为间色。西周时期，诸侯的衣服本为朱色。春秋时，鲁桓公和齐桓公都喜欢穿紫色的衣服，紫色遂流行开来。

孔子针对当时紫色代替朱色很不满，斥责道：“可恶啊，紫色夺去了大红色的光彩地位。”（《论语·阳货》）在孔子看来，正色是正式场合的服饰颜色，是正统、高雅的。间色是低俗的，不为君子所取。后“朱紫”常用来比喻以邪乱正，或真伪混淆。《后汉书·陈元传》云：“明者独见，不惑于朱紫。”金庸在《天龙八部》中也借“紫之夺朱”的典故，将两个女主角命名为“阿紫”和“阿朱”，爱憎褒贬之情不言自明。

佛教中还有所谓“八正道”，又称八筏、八船，包括：正见、正思、正语、正业、正命、正勤、正念、正定。佛教认为通过这八正道，可脱离苦海，达到佛教的最高境界——涅槃。中国传统文化也倡导通过正己来提升道德品质，远离庸俗邪恶。孔子说：“就有道而正焉，可谓好学也已。”（《论语·学而》）意思是接近有道之人，时时匡正自己的行为，这才是真正的热爱学习。

管子曰：“政者，正也。正也者，所以正定万物之命也。是故圣人精德立中以生正，明正以治国。故正者，所以止过而逮不及也。过与不及也，皆非正也；非正则伤国一也。”（《管子·法法》）管子认为正是为政的尺度，是测定万物的标准。正的本质是不偏不倚，即公正。过分或不足都没有达到正，都会对国家有损。至于治民，他认为：“欲民之正，则微邪不可不禁也。微邪者，大邪之所生也。微邪不禁，而求大邪之无伤国，不可得也。”（《管子·权修》）可见对于一个“正”字，管子真是

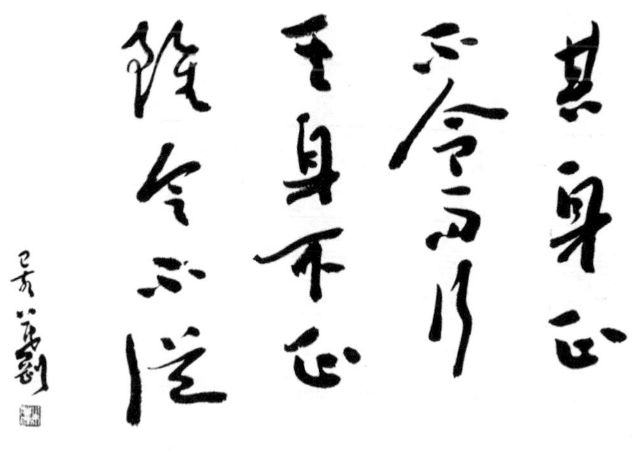

《论语》句——朱茂刚书

铁面包公——赵红云画

念兹在兹了。

有一次，季康子问孔子怎样搞好政治，孔子回答说：“政者，正也。子帅以正，孰敢不正？”（《论语·颜渊》）意思是“政”就是“正”，您如果带头走正道，谁敢不走正道。也就是说，“其身正，不令而行；其身不正，虽令不从”（《论语·子路》）。即当权者如果自身品行端正，那么不用号令，百姓就会去做；如果自身品行不端正，那么即使发了号令，百姓也不会服从。又如：“苟正其身矣，于从政乎何有？不能正其身，如正人何？”（《论语·子路》）即假如自身品行已经端正了，那么治理政事还会有什么困难呢？假如不能端正自身品行，又怎么去端正别人？对于一个“正”字，孔子也是无日或忘了。

孟子同样提出“君正，莫不正，一正君而国定矣”（《孟子·离娄上》）的观念。西汉淮南王刘安也强调“圣人不求誉，不辟诽，正身直行，众邪自息”（《淮南子·缪称训》）。京剧《赤桑镇》中包公唱道：“未正人先正己人己一样，责己宽责人严怎算得国家栋梁？”这虽然都带有理想主义色彩，但确实是有一定道理的。上行下效，全国风行，一个既“公”且“正”的社会，正大踏步走来！

【法治】

# 〖法〗

金文「法」

社会主义核心价值观的第八个词是“法治”，其第一个字是“法”。

“法”，繁体字写作“灋”，金文作“”，由“水”“去”“廌”（zhì）三部分组成。廌是传说中的具有能明辨真伪、判决案件特异功能的神兽，头上有独角，又名为獬豸或解廌。传说舜任命皋陶制定和执行法令。皋陶审理案件时，如果没法判定谁对谁错，就把廌牵出来，廌会用独角撞击理曲的一方。

廌作为执法公正的化身，历代备受推崇。《淮南子·主术训》云：“楚文王好服獬冠，楚国效之。”相传楚文王曾获一獬豸，照它的样子做了一顶帽子戴在头上，于是上行下效，獬豸冠在楚国成为时尚。因楚国在南方，故獬豸冠又称楚冠、南冠。秦灭楚后，秦王将此冠赐予执法官员，以此表示法官执法公正

神兽獬豸——赵红云画

不徇私情。

后来，獬豸冠均为历代法官所戴。明清时期的御史和按察使等司法官员一律戴獬豸冠，所穿官服的补子图案也为獬豸。当然，廌原本是人们心中营构出来的形象，后人对它有多种猜想，有人说像牛，有人说似羊，有人说如麒麟。但到底是个什么样，都是羚羊挂角，无迹可寻。

“灋”的本义是法令、刑罚。“灋”中的“去”表示去恶，“水”代表着执法公平如水。在战国玺印文中就已经出现了简写字形“法”，“法”是一个已经使用了两千多年的简化字。在中国，“法”这个字肩头所承担的历史使命，真可谓任重而道远。

在国家的治理上，春秋时期有德治和法治的论争。儒家主张以礼、以德治国，重视德治而不言法治。法家则极力反对以德治国，主张“不务德而务法”。法家是春秋战国时期以法治为核心思想的学派，代表人物有管仲、李悝、商鞅、韩非等，韩非是法家思想的集大成者。

“以法治国”（《管子·明法》）这一观念，是春秋时期齐国的管子最先提出的。他认为“法者，天下之程式也，万事之仪表也”（《管子·明法解》），“君臣上下贵贱皆从法，此谓为大治”（《管子·任法》），法是天下的规程，万事的准则。君主、臣下、上级、下级都自觉遵守法律，那么国家就局势安定、政通人和了。

韩非主张通过国家和法律，以高压政策维持社会秩序，“治民无常，唯法为治”（《韩非子·心度》），他认为人君应当“不养恩爱之心而增威严之势”（《韩非子·六反》）。他的思想很受秦王嬴政的赏识和青睐，为了得到韩非，秦王不惜讨伐韩国。

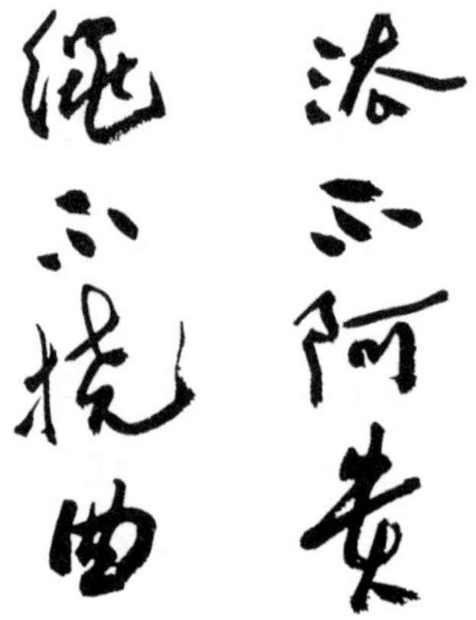


《韩非子》句——朱茂刚书

韩非的很多法治理念沿用至今。如“法不阿贵，绳不挠曲”(《韩非子·有度》)，在当时是新兴地主阶级对贵族垄断和世袭特权的反抗，也是后世法律面前人人平等思想的萌芽。又如“摇镜则不得为明，摇衡则不得为正，法之谓也”(《韩非子·饰邪》)，即摇动镜子则看不清镜子中的事物，摇动衡器则称不准物体的轻重。韩非子用镜子和衡器类比，强调法律要具有稳定性。另外，为了防止结党营私，韩非还提出了权力分散，以法制权的思想，要求在制度上对权力加以规范。他不赞成官员管理职务范围以外的事，若是不在其位，而谋其政，就是“越官”，“越官则死”(《韩非子·二柄》)，韩非把这个问题看得是很严重了。

春秋战国时期，宗法社会分崩离析，单靠礼制已不能治理国家，各诸侯国的立法观念和举措逐渐兴起和施行。

公元前536年，郑国子产将国家的法律条文铸在鼎上，摆在王宫门口，公之于众，欲使民众知犯某罪有某罚。鼎是国家权力的象征，铸在鼎上表明了其权威性。这是中国历史上第一次公布成文法，史称“铸刑书”。在这之前，各国的法令都是掌握在统治阶层旧贵族手中，对罪行的判定和惩罚都是贵族们临事擅断，因而贵族们常把持法律，肆意妄为，平民和奴隶处于“刑不可知则威不可测”的惶恐中。铸之于鼎，代表着法律由隐蔽走向公开，昭信于众，不可擅改，开创了古代法制的新时代。

郑国大夫邓析对子产的刑书做了改进，个人编订了更为完备的成文法，并刻在竹简上，更易于携带、传抄和使用。这套法律被称为“竹刑”，标志着法律走向了民间。因是写在三尺长的竹简上，故“三尺法”成为法律的别名。

邓析还开展辩讼活动，“与民之有狱者约：大狱一衣，小狱襦袴。民之献衣襦袴而学讼者，不可胜数”（《吕氏春秋·离谓》）。就是帮老百姓打官司，大案子收一上衣，小案子收一短衣或裤子作酬劳，有很多人争着送上学费学习打官司。故今人称邓析为中国第一位专业律师。邓析的行为被统治者斥为妖言惑众、离经叛道，于是找个理由把邓析杀掉了，邓析编制的“竹刑”却被沿用了下来。

魏国的李悝是法家学派的始祖，公元前407年编著《法经》，这是我国历史上第一部比较系统、完整的封建成文法典，是此后历代法典的蓝本。

公元前356年商鞅变法，在《法经》基础上制定了《秦律》。秦统一六国后，《秦律》在全国得到推行。商鞅在献给秦王的奏书中说：“明主慎法制。言不中法者，不听也；行不中法者，不高也；事不中法者，不为也。”（《商君书·君臣》）强调一切的言论和行为都要以法为准绳。

公元前206年，刘邦带领大军占据关中，“与父老约，法三章耳：杀人者死，伤人及盗抵罪”(《史记·高祖本纪》)，这一简约法令的颁布和执行，使刘邦能够迅速笼络人心，站稳脚跟，为日后建立大汉王朝奠定了基础。成语“约法三章”即出于此，后泛指订立简单的条款，相约遵守。

《孟子·离娄上》云：“徒善不足以为政，徒法不能以自行。”意思是光有好心，不足以治理政治；光有好的法令，也不能自行于世，必须要有人去推动执行。成语“徒法不行”即出于此。

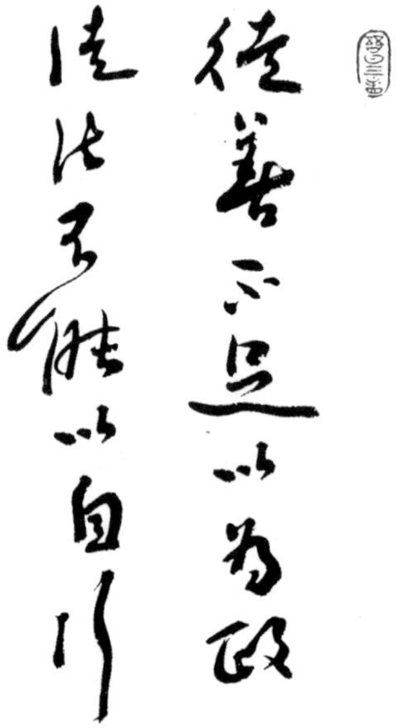

《孟子》句——朱茂刚书

《吕氏春秋》记载了这样一则故事：墨家学派的代表人物腹䵍（tūn）到了秦国。他儿子杀了人，秦惠王因念他年老独子，就下令赦免。腹䵍说：“墨家之法曰：‘杀人者死，伤人者刑’，此所以禁杀伤人也。夫禁杀伤人者，天下之大义也。王虽为之赐，而令吏弗诛，腹䵍不可不行墨者之法。”于是杀了自己的儿子。这种大义灭亲、秉公执法的精神为世人所称颂。

唐武则天的女儿太平公主看中了雍州寺院里的一盘水磨，占为已有。寺院里的和尚状告到雍州司户李元纮那里。李元纮不畏权势，判太平公主将水磨归还寺院。李元纮的上司怕惹怒皇帝，命李元纮改判。李元纮在判词上加了十二个字："南山或可改移，此判终无摇动。"（《旧唐书·李元纮传》）后世将这十二个字浓缩为"执法如山"或"南山铁案"加以传颂。

在封建社会中，虽有很多刚正不阿之士执法如山，但法律都只是帝王之具、治民之术，制定国家法令最根本的目的是为了维护和巩固君权，而非现代意义上以保障公共利益为目的所行使公共权力的法治行政。

除了法律义，"法"还表示标准、规范。"百工从事者，亦皆有法"（《墨子·法仪》），这里的"法"指各种行业规范。还有些"法"是劳动人民在生产生活中的经验所得，如"干榆湿柳，木匠见了就走"，这是木匠的"心法"。有些方法是秘而不宣的，如俗话说"法不传六耳"，"六耳"指三人，这句话是泛指秘密的事情只有两人知道，不得传与第三人，此谓"秘法"。

总之，万事万物皆有法。有法则成，无法则败。

# 〖治〗

篆文『治』

社会主义核心价值观的第八个词是“法治”，其第二个字是“治”。

治，本为古代河流的名称，古音读为 chí。《说文解字》的解释是：“治，水。出东莱曲城阳丘山，南入海。从水，台（yí）声。”治，即今山东省大沽河与支流小沽河，是胶东半岛最大的一条河流。

古代“治”的义项非常丰富，像现在的“打”“搞”“弄”一样，是一个泛义动词。如“绿兮丝兮，女所治兮”（《诗经 · 邶风 · 绿衣》），这里的“治”是纺织丝绸缝制衣服，绿色的丝绸衣服虽然好看，却离不开女工之手；“君有疾在腠理，不治将恐深”（《韩非子 · 喻老》），这里的“治”是指治病医疗，蔡桓公不听扁鹊之提醒，终于大病不治而死；“少治《春秋》，孝景时为博士”（《汉书·董仲舒传》），这里的“治”是指攻读，研究，“罢黜百家、独尊儒术”的董仲舒，是以研治《春秋》起家的。

“治”最常用的词性是动词，常用义项是治理，大禹治水就是治理水患。后来，“治”字更多地用于对社会的管理上。《礼记·祭法》云：“汤以宽治民而除其虐，文王以文治，武王以武功，去民之灾，此皆有功烈于民者也。”这里的“治民”就是治理人民；“文治”就是以文教礼乐治理人民。《周易·系辞下》记载：“黄帝、尧、舜垂衣裳而天下治，盖取诸乾坤。”意思是黄帝、尧、舜垂衣安坐朝堂，天下就得到很好的治理，这大概是仿效天地自然的法则吧。用老子的话来说，这就是“为无为，则无不治矣”（《老子·第三章》）。

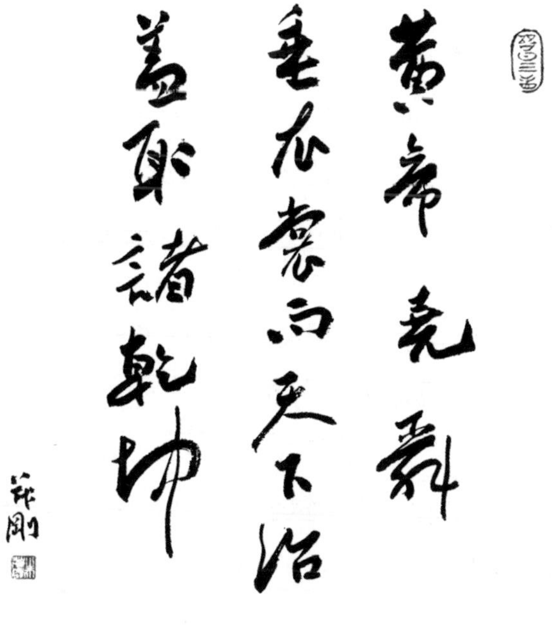


《周易》句——朱茂刚书

无为而治，是道家所赞赏的治国理政的最高方略，就是说统治者“循理而举事”（《淮南子·修务训》），顺自然，不妄为，以制度治国，不过多干预社会秩序。孔子也有过类似的言论，他说：“无为而治者其舜也与？夫何为哉？恭己正南面而已矣。”（《论语·卫灵公》）意思是：无为而治的国君是舜吧？他是怎么做的呢？他只是恭敬谨慎，严以律己，面向南以听朝问政罢了。孔子的无为而治更强调的是“恭己”，即从自身修养入手，以礼化民，治理国家。

无为而治，确乎是令人艳羡之美政。根据古书的记载，中国历史上也确乎出现过这样的美政。三皇五帝时期的事，已经是遥远得看不见边际了。正如屈原所云：“汤禹久远兮，邈而不可慕。”（《楚辞·九章·怀沙》）但是汉朝初年无为而治的“文景之治”，却是《汉书》上记载得言之凿凿也得到后人一致承认并津津乐道的。

汉武帝时，淮阳是通往楚地的交通要塞，但是很混乱。汉武帝决定调任老臣汲黯去治理，汲黯以多病为由推辞，汉武帝说此去淮阳，我主要想借重你的声望，你就“卧而治之”吧。汲黯上任后，果然“淮阳政清”。（《史记·汲郑列传》）后以“卧治”来称颂地方官政清事简，无为而治。

总结历史经验可以看出，要达到“无为而治”的境界，需要具备两个前提：一是成熟的“理”，即好的政策制度；二是君圣臣贤，即执政者要有很高的修养，确实以国以民为重。

春秋时期齐景公让晏子去治理东阿。三年之后，齐景公责备晏子说：“我认为你还行，才让你去治理东阿。没想到你把东阿治理得乱七八糟，你下去好好想想，我要严厉处分你。”晏子当然也不示弱，他说：“好吧，我要换一种方式治理东阿，三年内若治理不好，我以死谢罪。”到了第二年，晏子上交工作报表，齐景公老远就迎上来向晏子祝贺：“棒极了，你治理东阿！”

晏子说：“我以前治理东阿，没人求我说情，也没人向我行贿，池塘里的鱼都分给贫民百姓。那时百姓没有挨饿的，而国君您却深深怪罪我。现在我治理东阿，也有说情的，也有行贿的，赋税重了，库存的财物却少了。到处都是花言巧语，池塘里的鱼，都给了权贵人家。这个时候，有一多半人忍饥挨饿，国君您还迎接我祝贺我。我是个笨人，治理不了东阿，您还是让我退休回家让贤吧。”说完，扭头就走。景公听罢，恍然大悟，说：“你还是回去治理东阿吧，东阿是你的东阿，我再也不干预你了。”（《说苑·政理》）这则“晏子治东阿”的故事，说的是君臣不信任，险些酿出恶果。

“治”用作形容词时，常表示天下大治，即天下太平。如“长治久安”中的“长治”与“久安”并列，就是长久的太平。历史上的文景之治、元嘉之治、贞观之治、开元之治，都是太平盛世。在这个意义上，“治”的反义词是“乱”，也就是社会动乱。管子云：“利莫大于治，害莫大于乱。”（《管子·正世》）就是对一个国家来说最大的好事莫过于安定，最大的坏事莫过于动乱。

荀子云：“天行有常，不为尧存，不为桀亡。应之以治则吉，应之以乱则凶。”（《荀子·天论》）荀子是唯物主义思想家，在这里，“治”“乱”并举，他认为凭借相同的自然条件，尧把国家治理得很太平，桀却把国家搞乱了。所以，太平或动乱并不是自然条件决定的。荀子的此番议论，

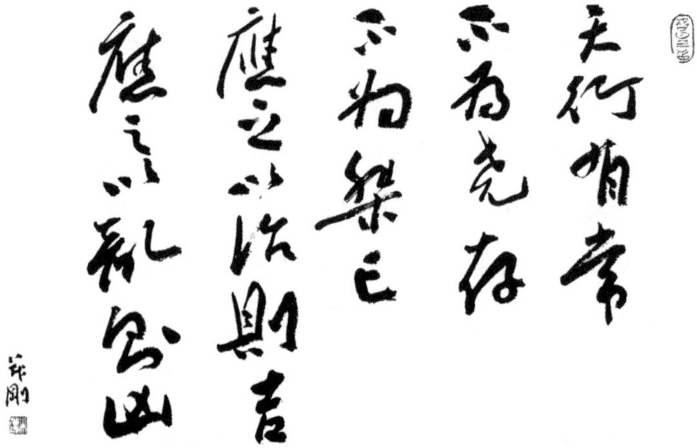


《荀子》句——朱茂刚书

是为了论证国家治乱与否的根源在统治者，而不在他们寻为借口的自然条件。

韩非也认为："至治之国，君若桴，臣若鼓。"（《韩非子·功名》）意思是治理得好的国家，君主好比鼓槌，臣子好比鼓。韩非在这里强调的是要想治理好国家，君主必须依靠各级官吏，君臣之间的关系应如同鼓槌与鼓，分工明确、协调一致，才能达到最好的效果。

孟子观察历史，从尧舜到商汤是五百多年，从商汤到文王是五百多年，从文王到孔子是五百多年，推出"五百年必有王者兴，其间必有名世者"（《孟子·公孙丑下》）的结论。孟子总结治乱循环相因的周期是五百年。尽管五百年只是一个概数，但是历史是在治与乱的更迭中发展，并且以其中的重要人物为节点的观念对后世影响很大。胡适在《说儒》

中认为这种“将有达者”的预言式圣人救世观由来已久，受此影响，在国家混乱、人民苦难之时，人们总是将希望寄托在下一位冉冉升起的圣王身上。

孟子在他的理论基础上又分析道：“由周而来，七百有余岁矣，以其数则过矣，以其时考之则可矣。夫天，未欲平治天下也；如欲平治天下，当今之世，舍我其谁也？”（《孟子·公孙丑下》）意思是从周至今已经有七百多年了，年数已经超过了五百年，以时势来看，是圣贤可以出现的时候了，上天不想要太平也就罢了，若是想要天下太平，那么当今之世，除了我孟子，还有谁呢？

明人张居正就此评价孟子说：“孟子此言，虽不以见知者自居，而自任之意，实不容掩。”（《四书直解》）意思是说孟子的话虽然没有直接说自己懂的很多，但是他的那副自负神态，跃跃欲试，栩栩如生，是想遮掩也遮掩不住的。

《后汉书·刘昆传》记载：崤黾（xiáo miǎn）驿道上多虎伤人，商旅无法通行。刘昆到这里任太守三年，仁化大行，老虎都背着小虎渡河而去。这则故事广为流传，不仅因为其传奇色彩，更主要的是故事中隐含着的人们对治世的憧憬。后来人们常用“治境无虎”或“渡虎”来称誉地方官政绩卓著，这与人们熟知的“苛政猛于虎”形成鲜明的对比。

当今之世，惩治腐败的“打虎”行动，同样燃起了人们对太平盛世的向往，且这次不再只是一个传说；也规劝那些大虎小虎、苍蝇蚊子们，畏于法治、感于教化，战栗、出汗、自省，真的弃恶从善，重新做人。

负子渡河——赵红云画

# 【爱国】

# 【爱】

金文『爱』

社会主义核心价值观的第九个词是“爱国”，其第一个字是“爱”。

“爱”本写作愛，《说文解字》的解释是“行貌”，即步行的样子。下部的“夂（zhǐ）”是倒置的“止”（趾）字的变形，表行走义，上部的“㤅”（ài）表音。“㤅”字，金文作“”，由一个张口说话的人和一颗心两部分组成，表示诉说心中的爱意。“㤅”的本义是指对人或事物有深厚的感情，也就是现在“爱”字的意义。

从文献中可以看到，“㤅”与愛在战国末年已经音同而通用。东汉以后“㤅”字一般写作愛。楷书将字形中的“无（jì）”写成“爫”（由“爫”zhǎo 加秃宝盖“冖”mì组成），这样就产生了“愛”字。简体字“爱”是依据草书字形，将下面的“心”和

“攵”合写成了“友”字形。

孔子的学生樊迟曾经向孔子请教，什么是“仁”？孔子回答了两个字——“爱人”。（《论语·颜渊》）孔子去世后，鲁国大臣季康子问孔子的学生子游，仁者爱人吗？子游称是。季康子又问，那人们也爱仁者吗？子游亦称是。

季康子说，郑国的子产去世了，郑国的男人取下玉佩，女人摘下耳环，夫妻相拥在街巷里哭泣，三个月听不到乐器的声音。而孔子去世了，我没有听说鲁国人如此爱他，为什么呢？

甘棠遗爱——何峰篆刻

子游说，沟渠的水流到的地方，禾苗就活下来了，流不到的地方，禾苗就干死了。老百姓的生存，更需要及时雨。可是过后，人们也就把这上天的恩赐给淡忘了。所以说，拿子产和夫子比，就像拿沟渠的水和天降的雨水相比。（《说苑·贵德》）意思就是，子产的爱只能泽被身边之人，但效果明显；而孔子的爱虽然更为广博，其效果却是潜移默化不那么立竿见影的。

孔子说：“古之为政，爱人为大。”（《礼

记·哀公问》）如西周召公到陕地以西就任，正当采桑养蚕之时，他担心影响农事，就不进城而在甘棠树下办公。听取诉讼，处理政事。当地官员百姓各得其所，各安其事。后人感念召公恩德，就作诗表达爱戴，说：“枝叶繁茂的甘棠树，不要修剪不要砍伐，这里有召公住过的草房。”这首诗就是收入《诗经·召南》中的《甘棠》诗。后来，“甘棠遗爱”就成了人们对离去而有善政的地方官员的赞美之词。

有一年，各州刺史要去上任，唐玄宗李隆基作五言诗《赐诸州刺史以题座右》为他们送行。该诗共一百字，这在中国历史上，大概要算比较长的座右铭了。其中说“视人当如子，爱人亦如伤”，教导官员们要爱护百姓，要把百姓看作是受伤的人悉心照顾。北宋大儒程颢三十三岁出任晋城县令时，曾于座右书写“视民如伤”以自警，并常自叹愧对此四字。（〔明〕杨昱《牧鉴》）

五代时，后蜀国主孟昶写了一篇警

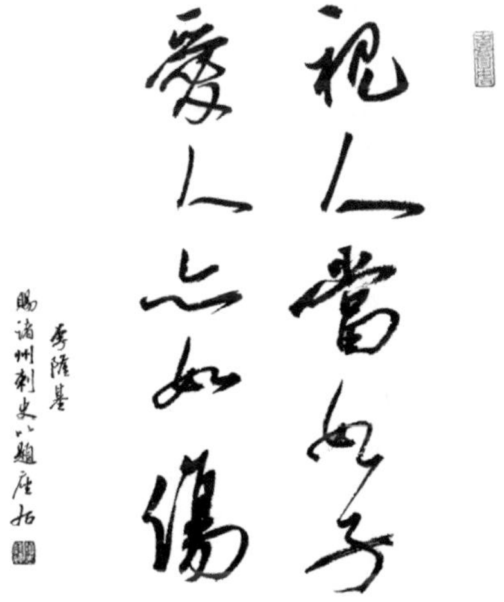


视人当如子 爱人亦如伤——荆德杰书

甘棠遗爱——赵红云画

示官员的《颁令箴》，凡二十四句。（〔宋〕张唐英《蜀梼杌》）宋太宗赵光义从中抽出了四句十六字“尔俸尔禄，民膏民脂；下民易虐，上天难欺”，颁令天下，全国州县衙署都刻石一块，立于堂前，以时刻提醒各级官吏，你们的俸禄是百姓的血汗，不可以欺天虐民。（〔宋〕张端义《贵耳集》）《水浒传》第六十二回就写道，大名府李固陷害主人卢俊义，揣着金子贿赂狱吏蔡福，要他在监狱里结果了卢俊义。蔡福冷笑道：“你不见正厅戒石上，刻着‘下民易虐，上苍难欺’。你那瞒心昧己勾当，怕我不知？”

宋·黄庭坚书戒石拓片

孔子提倡“泛爱众而亲仁”（《论语·学而》），但若仔细考量这种爱，就会发现，以等级森严的礼制为指归的爱必然有尊卑差别，例如爱国君、爱父母要胜过爱陌生人。故而，儒家所言的“泛爱众”虽是普遍之爱，却不是一种平等的爱。

针对儒家的差等之爱，墨家主张“兼爱”，即爱不分厚薄亲疏，对所有人一视同仁地去爱。对此，儒家阵营的孟子曾厉声斥责道：“杨氏为我，是无君也；墨氏兼爱，是无父也；无父无君，是禽兽也。”（《孟子·滕文公下》）因为在孟子看来，“兼爱”就意味着对国君、对父母的爱和对陌生人的爱是一样的。这是儒家和墨家当年争论的一个核心点。

墨家在面对爱人与爱己的选择时，往往选择自我牺牲，表现出一种完全的利他主义。后期墨家将“兼爱”发挥到极致，提出了“周爱”的概念。“爱人，待周爱人，而后为爱人。”(《墨子·小取》) 爱人就要广泛地爱每一个人；只要有一个人没有得到爱，就不能算是爱人。这样的要求过于严苛，俭而难遵。这种一味爱人的忘我、无我的精神，最终也会导致自我的缺失，其苦心孤诣营造的不过是一种乌托邦幻象而已。

所以《庄子·天下》篇批评墨家道：“以此教人，恐不爱人；以此自行，固不爱己。”就是说，拿这种思想来教人，这不是个爱人的道理；拿这个道理来要求自己，也实在不算是爱自己。但是，墨子的人格和思想毕竟是伟大而高尚的，所以《庄子》也不得不赞扬墨子是位求之不得的天下最好的人。

当然，爱也绝不是纵容姑息，爱是有原则的。曾子曰：“君子之爱人也以德，细人之爱人也以姑息。”(《礼记·檀弓》) 君子爱人是按照道德标准去引导、爱护，小人爱人则是无原则地纵容、迁就，是不分是非善恶的盲目付出。例如面对那些恃强凌弱的人，要么说服其弃恶从善，要么以强力惩罚。如果对待恶人还是一味地付出爱，那结果将不是成人之美，而是成人之恶。

法家的韩非认为，治理国家也要注重爱的尺度。他说“爱多者则法不立，威寡者则下侵上”(《韩非子·内储说上》)，又说“刑者，爱之自也”(《韩非子·心度》)。如果仁爱太过，则国家的法度就不易建立；威严不足，下属就会轻慢犯上；严正的刑法就是对百姓的爱的开始。诸葛亮治理蜀地，用法严厉，当时人称其“惜赦”，诸葛亮认为“治世以大德，不以小惠”（《三国志·蜀书·后主传》注引《华阳国志》），这才是对国对民的大爱。

谈论“爱”，当然不能不谈到爱情。谈到爱情，当然离不开文学，因为“爱”是文学作品长盛不衰的主题和泉源。

中国的第一部诗集《诗经》中就收录了大量的爱情诗，其第一首《关雎》，可以看作是中国爱情诗的鼻祖。到了汉代乐府，对爱情的呐喊，就更加响彻云霄了。“上邪！我欲与君相知，长命无绝衰。山无陵，江水为竭，冬雷震震，夏雨雪，天地合，乃敢与君绝！”（汉乐府民歌《上邪》）这是一位痴情女子炽热的表白，把对爱情的渴望和追求表达得淋漓尽致，也是后世海誓山盟的起源。

金代著名诗人元好问，在赶考途中遇到一位猎人，猎人说，他捕杀

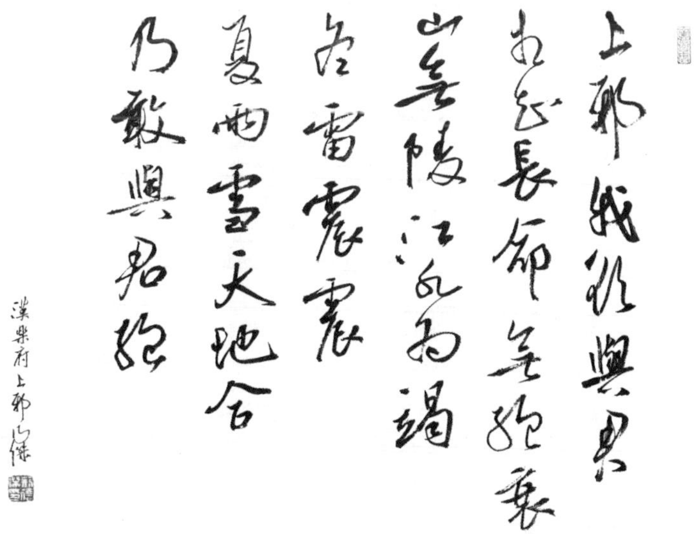

汉乐府民歌《上邪》——荆德杰书

了一只大雁，而脱网的一只在天空哀鸣不去，最后自投于地而死。元好问买下这只殉情的大雁，葬在汾水之滨，垒石为丘以作纪念，并写下了那首著名的《摸鱼儿·雁丘词》——“问世间，情是何物？直教生死相许……”在金庸武侠小说《神雕侠侣》中，这几句词反复出现，萦绕耳际，常常令人释卷而不能释怀。

爱是人类美好情感世界的主旋律，但也给人带来了无穷的烦恼和痛苦，所以在佛教的概念中，爱是贪欲的别名，位列贪嗔痴三毒之首。只有割爱，在佛法的启迪引导下，使“爱河”干枯或渡过“爱河”，才能达到涅槃的彼岸，解除痛苦。

但，爱是人的天性，真的远离“爱河”而波澜不惊，常人很难做到。于是到了明清时期，“爱河”在世俗文学中开始出现，将男女沉醉于爱情之中永相厮守，喻为“永浴爱河”。如今，这个词已变成了人们对美好婚姻的祝福语，可见“爱”的概念也是与时俱进的。

# 【国】

甲骨文『国』

社会主义核心价值观的第九个词是“爱国”，其第二个字是“国”。

“国”字的源头是“或”字。“或”甲骨文作“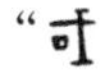”，金文作“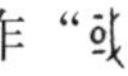”。其中的“口”表示城池，金文中“口”字上下的增笔表示国界。“戈”表示以武器守卫着。“或”本义是指疆域、邦域。

“或”字在楚简中，已经有用作“或者”义的。在秦汉之后，“或”多用来表示或者，不再用于疆域、邦国义。由“或”字派生出的“域”字，专用于指疆域、领域；派生出的“國”字，专用于指国家。在西周中期的金文中已可见“國”字，在“或”的基础上又增加了“口”，来强化疆域义。到秦小篆，“國”字这个字形就固定下来了。

到了唐朝武则天执政时，一位幽

州学子讨好她，上奏说，“國”字中的“或”字，像“武”字而非“武”字，有“乱天象”之嫌，建议将“或”字改为“武”。武则天觉得有道理，遂下令将“國”字改为“𡆧”。不久，又有人上奏说，将“武”字放入“囗”中，似把“人”放入“囗”中的“囚”字，甚不祥。建议另造“圀”这个字形，字中的“八方”有向八方开疆拓土之义。于是，武则天又下令启用“圀”字。(《朝野佥载》)

唐朝前后，“國”字在老百姓中比较流行的写法是“国”，由“囗”和“王”表意，既好写且易记，但因为是民间俗字，所以唐之前的字典中都没有收录“国”字。到了宋代，俗体的“国”中的“王”字渐渐被写成“玉”字，也就是出现了我们现在常用的“国”字。日文也曾一度借用汉字“國”。1946年，日本推行简化字，将“國”字简化作“国”。1956年，我国制定的简化汉字方案中，正式将“國”简化为“国”。

在春秋战国时期，诸侯的封地称为“国”，士大夫的封地称为“家”，有国有家者指诸侯大夫们。“国”“家”连用，最早见于《尚书·立政》:“用劢（mài）相我国家。”这里的“国家”表示周王室。“国家”一词的普遍使用，是在春秋时代。这表明了当时诸侯之国与卿大夫之家的政治中心地位。“国”和“家”的这种结合，仅是形式上的并列使用，两个字仍然各表其意。

同样，“邦”与“国”也经常同义连用。因汉朝开国皇帝刘邦之名为“邦”，故两汉时期为避讳，“邦国”一词很少使用，“国家”一词的使用便日益普遍。东汉以后，随着汉语双音词的增多，“国”与“家”就逐渐结合为一个词了。

在西周早期青铜器何尊上，有铭文“余其宅兹中或（国），自之辥（yì）民。”这是目前所见“中国”一词的最早记录。这里的“宅”是居住义，“兹”是这里义，“辥”是治理义。何尊是西周时期一位名何的贵族铸造的青铜器，其铭文记载了周武王克商之后，计划将洛邑作为疆域中心，希望到此统治万民。他的儿子周成王继承父志，建成新都，并放置九鼎于此。何尊铭文中的“中国”仅指洛邑（今洛阳）地区，有居于中央之地的含义。东周时期，“中国”所指的范围扩大到各诸侯国在内的黄河中下游地区。

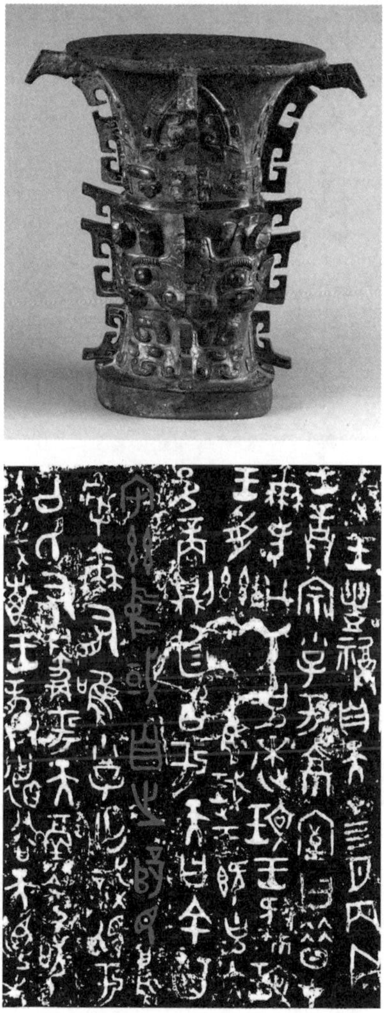

何尊及其铭文拓片

中国历代王朝的国名，或以族称，如夏、商、周；或以封爵称，如汉、隋、唐，无一自称“中国”者。“中国”一词作为主权国家的称谓，首次正式出现在外交文书中，当是1842年签订的《中英南京条约》。在此之前，清政府与外国签订的各

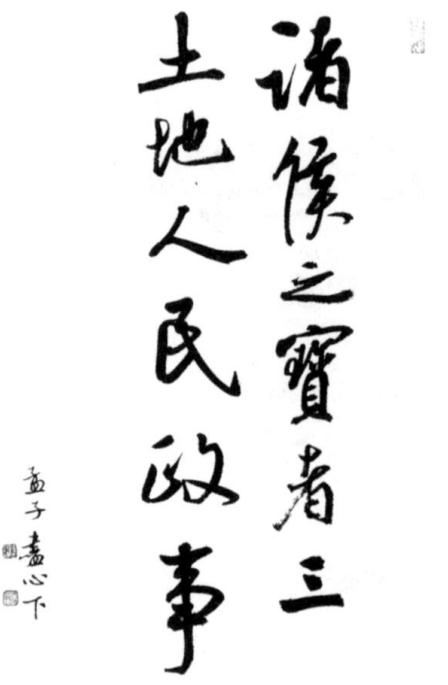


《孟子》句——荆德杰书

种条约，所署国号都是“大清”。

春秋时期，与东南地区地势卑下的吴国、楚国等相对而言，中原各诸侯国也被称为上国。《左传·庄公十年》记载，楚国在莘地打败了蔡国。杜预注云：“楚辟陋在夷，于此始通上国。”指一向被视为蛮夷之国的楚国，自此开启了与中原诸国的争锋。秦朝之后的历代统治者，都认为中华之所在即是天下之中心。明朝末年，葡萄牙人利玛窦带来的《坤舆万国全图》，就遭到中国士大夫的攻击和嘲笑，他们质疑中国在地图上的面积怎么可以这么小，且不在中心位置，这样的地图怎么会是世界地图呢？

汉代，西域诸国中，有城墙守护的固定国叫“城郭国”，无城墙守护的游牧国叫“行国”。例如于阗（tián）、龟兹（qiū cí）是城郭国，大月氏（dà yuè zhī）、乌孙是天山以北的行国。从今天的政治学来看，行国还不能称之为完整的国家，国家在物质实体的构成上，必须具备国民和国土两个要素。

当然，只有国民、国土，也还不能算是国家，国家还需要第三个要素——主权。20

世纪初，西方学者提出了人民、土地、主权国家三要素理论。两千年前的战国时期，孟子也指出：“诸侯之宝者三：土地、人民、政事。”（《孟子·尽心下》）这是典籍中关于国家组成要素的最早阐述。

主权是一个国家的根本属性，主权的丧失意味着国家的消亡。春秋时，越国败于吴国，国破家亡，越王勾践夫妇入吴为奴。最终卧薪尝胆、励精图治，灭吴称霸。相传蒲松龄作有这样一副对联：“有志者事竟成，破釜沉舟，百二秦关终属楚；苦心人天不负，卧薪尝胆，三千越甲可吞吴。”其下联，说的就是这个故事。

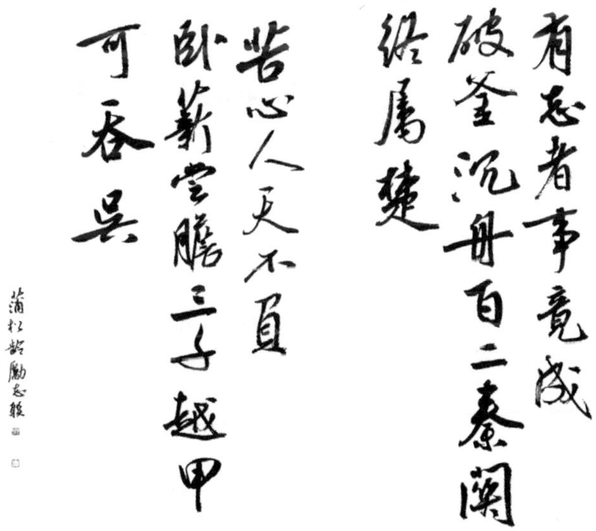


清·蒲松龄撰自勉联——荆德杰书

南唐后主李煜，虽精通诗词、音乐、书画，构筑了一个精美的艺术王国，现实中却不懂得治理国家。成为亡国奴后，日夕以泪洗面，写下了“四十年来家国，三千里地山河”（《破阵子》）这样满怀悲苦的感慨之语。

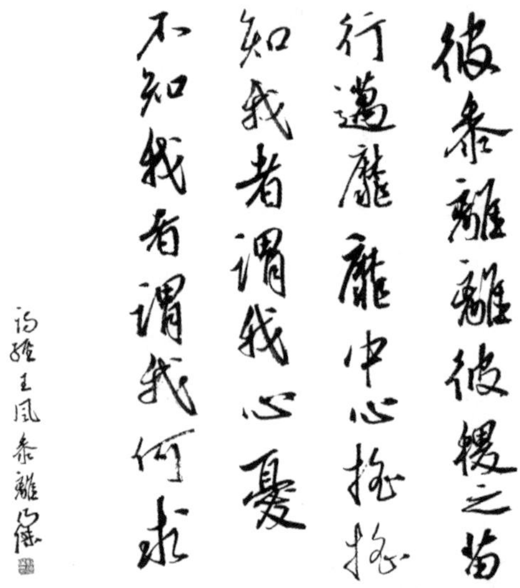


《诗经》句——荆德杰书

唐杜牧诗句“商女不知亡国恨，隔江犹唱后庭花”（《泊秦淮》），感时伤事，借古讽今。其中“后庭花”这个典故，出自南朝末代皇帝陈后主的诗《玉树后庭花》。陈后主因沉溺声色歌舞，不理政事，导致亡国，“后庭花”一词遂成了亡国之音的代名词。

公元前771年，犬戎攻破镐京，杀幽王于骊山脚下，西周灭亡。而后，周的旧臣经过故都，看到往日的宗庙宫室长满了禾黍，不由感叹：“彼黍离离，彼稷之苗。行迈靡靡，中心摇摇。知我者，谓我心忧，不知我者，谓我何求。”（《诗经·王风·黍离》）这首《黍离》，被后人视为凭吊故国之诗，“黍离之悲”也成为亡国之痛的同义词。

公元前278年，秦国大将白起带兵南下攻打楚国。流放在外的屈原得知国都被占，宗庙陵墓被毁，写下对祖国充满无限眷恋之情的“鸟

屈子行吟——赵红云画

飞返故乡兮，狐死必首丘”（《九章·哀郢》），绝望之中抱石投江而死。宋代靖康之变后，词人李清照家毁夫死，于孤苦无告之境中，写下了“寻寻觅觅，冷冷清清，凄凄惨惨戚戚”（《声声慢》）这样凄凉的词句，表达了对故国、故人的无限怀念。

国破家亡是惨痛的，因此，国难之时，爱国勇士们必然挺身而出，希望以身许国。三国曹植云“捐躯赴国难，视死忽如归”（《白马篇》），唐代陈子昂云“感时思报国，拔剑起蒿莱”（《感遇诗》），北宋苏轼云“报国之心，死而后已”（《杭州召还乞郡状》），清末徐锡麟云“只解沙场为国死，何须马革裹尸还”（《出塞》）……

在悠久的中华历史中，铁骨铮铮的爱国志士数不胜数，他们前仆后继，以身许国，书写着一首首赤子报国之歌。这种强烈的爱国之情，奏出了历代文学作品中最为激励人心的主旋律，也铸就了中国人永恒的精神长城。

# 【敬业】

# 〖敬〗

金文「敬」

社会主义核心价值观的第十个词是“敬业”，其第一个字是“敬”。

“敬”，金文作“”。古文字学家于省吾认为，此字像头戴兽角的少数民族巫师在跪拜祷告，表示虔诚和严肃恭敬。右边的“支”，为手拿棍棒之形，后变形为“攵”，在这里有警戒的意义。“敬”的初义当与祭祀仪式有关，指祭祀时恭敬肃穆的神态。

《左传·成公十三年》云：“礼，身之干也；敬，身之基也。”礼是身体的主干，敬是身体的基础，可谓是重中之重。《论语·子张》云：“祭思敬，丧思哀。”是指祭祀的时候，要想想自己是否严肃恭敬；居丧的时候，要想想自己是否悲痛哀伤。

“敬”这种宗教情感，后来逐渐道德化，成为儒家重要的修身准则。《孝经》云："礼者，敬而已矣。"意思是说，所谓的"礼"，不过是一个"敬"字罢了。

敬是发自内心的，怀敬与否，可以看出对人对事的本心。《论语·为政》中子游向孔子请教孝道，孔子这样设问："今之孝者，是谓能养；至于犬马皆能有养。不敬，何以别乎？"孔子认为对待父母不仅要赡养，还要心怀敬意，否则和饲养狗马就没什么分别了。

子路也有类似疑问："夙兴夜寐，手足胼胝（pián zhī），而面目黧黑，树艺五谷，以事其亲，而无孝子之名者，何也？"（《韩诗外传》）就是说有的人起早贪黑地种地劳作，手和脚都磨起了老茧，脸晒得黝黑，辛勤奉养父母，但是却没有孝子的名声，这是为什么呢？孔子说，这大概是："身未敬邪？色不顺邪？辞不逊邪？"总之，就是没有做到发自内心的恭敬。孔子把"敬"看作对待人与对待兽的区别。无敬，孝就无从谈起，故而，汉语中"孝""敬"常联结为一个词使用。

子路还曾请教孔子，怎样才算是君子。孔子说"修己以敬"（《论语·宪问》），即要常保恭敬之心，并以此来修养自身。在具体的处事和工作中，孔子认为要"出门如见大宾，使民如承大祭"（《论语·颜渊》），"非礼勿视，非礼勿听，非礼勿言，非礼勿动"（《论语·颜渊》），都是在强调要"执事敬"（《论语·子路》）、"行笃敬"（《论语·卫灵公》），处处不离一个"敬"字。"君子敬而无失，与人恭而有礼，四海之内皆兄弟也"（《论语·颜渊》），君子的境界就是内心的敬不丢失，待人恭而有礼，那么普天之下的人就都像兄弟一般亲密了。

鲁哀公也曾向孔子请教如何处理好政事，孔子说："爱与敬，其政之

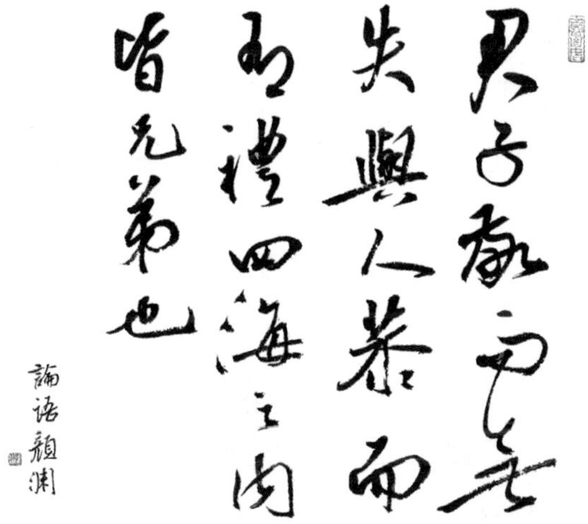


《论语》句——荆德杰书

本与？”（《礼记·哀公问》）意思是，爱与敬，大概才是治国的根本吧！在孔子看来，无论是个人的待人处事，还是国家的长治久安，都离不开“敬”字。

孟子云：“食（sì）而弗爱，豕交之也；爱而不敬，兽畜之也。恭敬者，币之未将者也。恭敬而无实，君子不可虚拘。”（《孟子·尽心上》）意思是，对待有用的人才，只是养活而没有爱，那就相当于养猪；只是爱护而不尊敬，那就如同豢养牲畜。恭敬之心应该在送出礼物之前就有的，若只是徒有形式上的恭敬而无内心的诚意，这种虚假的恭敬是留不住任何人才的。

进而，孟子又说：“仁者爱人，有礼者敬人；爱人者，人恒爱之；敬人者，人恒敬之。”（《孟子·离娄下》）人与人之间都互敬互爱，社会风气就到了一个很高的层次了。

敬人以礼——赵红云画

《周易》解释坤卦云：“君子敬以直内，义以方外，敬义立而德不孤。”意思是，君子恭敬不苟使内心正直，行为适宜使外物端方，做到恭敬不苟和行为适宜，就会美德广布而不孤立。后代学者常把其中的“敬以直内，义以方外”作为座右铭，以谦敬之心规范自己的内在思想，以仁义之德规范自己的外在行为。

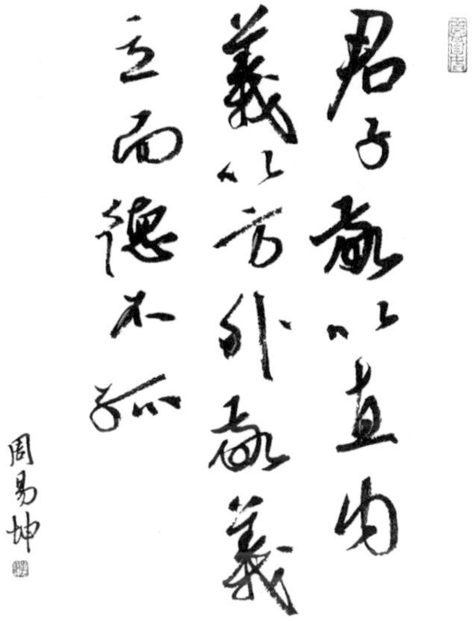

《周易》句——荆德杰书

宋代程颐提出了“主心者，主敬也”，他认为“涵养须用敬”，“入德必自敬始”（〔宋〕杨时《二程粹言·论学篇》），视“敬”为人格修养的重要手段。宋代朱熹继承了程颐的“主敬”说，认为“敬者，一心之主宰，而万事之本根也”（《大学或问》），“敬则万理具在”（《朱子语类》），强调“敬字工夫，乃圣门第一义，彻头彻尾，不可顷刻间断”（《朱子语类》）。他对持敬之道给出了具体的诠释，如“主一无

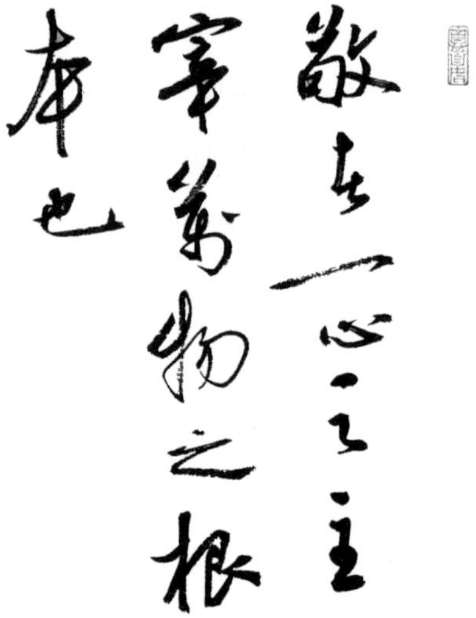


宋·朱熹语——荆德杰书

适”，即精神专一，没有闲思杂念；如“恭容貌，整思虑，正衣冠，尊瞻视……”(《朱子语类》)，即由内而外，由言至行，由接物到待人等，都要做到收敛身心，诚心敬意。

反之，“不敬”就是怠慢、无礼，甚至是罪过。《礼记》开宗明义，第一句话就是“毋不敬”。《礼记·祭义》中还说“外貌斯须不庄不敬，而慢易之心入之矣”，古人已洞察到外表的不敬会引发人的怠慢之心。

汉代的法令中设有“大不敬”罪，这是冒犯皇室尊严的罪名。其涉及范围很广，凡是违反诏令、擅自进入皇帝居住地、冲撞皇帝仪仗或车骑、不避讳帝王的名字、侵犯皇帝的人身等，都是犯罪。还包括对死去的皇帝，包括对皇帝使用过的物品等。如将皇帝使用的弓放在地上，就是犯了不敬罪，将被处以重刑。①

汉武帝时，苏武的长兄苏嘉负责为皇帝驾车。一次，不小心车子碰到柱子上，折断了车辕，惊吓了汉武帝，于是苏嘉被定罪为大不敬。知道罪不可赦，苏嘉选择了自刎身亡。大不敬罪，实际上是在维护封建等级制度的权威性，是使臣民无条件地效忠尽职的手段。

在此基础上，北齐法令制定了重罪十条：谋反、大逆、谋叛、恶逆、不道、大不敬、不孝、不睦、不义、内乱，并规定绝不可赦免。（《北齐律》）“十恶”最初是佛教用语，隋朝时统治者信奉佛教，将“十恶”与十重罪结合，于是有了“十恶不赦”的说法。现代汉语“十恶不赦”中的“十恶”已经是虚数，泛指不可饶恕的重大罪行。

古代礼制繁复，礼的起源和核心是对自然与人事的敬，礼与敬是表与里的关系。春秋时期，晋国大夫臼季路过冀地，看到冀缺在田间除草，他的妻子来送饭，两人相敬如宾。于是臼季就邀冀缺一同回到晋国，向晋文公推荐冀缺，说：“敬，德之聚也。能敬必有德。”（《左传·僖公三十三年》）恭敬是德行的集中表现，恭敬的人一定有德行。于是，晋文公任命冀缺为大夫，冀缺后来成为一代名臣。

古汉语中，“恭”与“敬”各有侧重。“恭”主要指外在的恭敬之行，“敬”主要指内在的恭敬之心。也就是“在貌为恭，在心为敬”（《礼记注疏》）②，“恭敬”连用，是外在之行与内在之心的统一。唐代名将尉迟恭，字敬德，是一个“恭”“敬”的典型代表，不但上了凌烟阁二十四功臣榜，还成了后世民间的门神，“恭敬”之义大矣！

① 程树德：《九朝律考 · 汉律考》，商务印书馆2010年版，第120页。

②《礼记 · 曲礼上》：“是以君子恭敬、撙节、退让以明礼。”孔颖达疏引何胤云：“在貌为恭，在心为敬。”

门神再厉害，也挡不住送礼的。旧时送礼名目繁多，夏天送礼叫“冰敬”，冬天送礼称“炭敬”，喜庆送礼称“喜敬”，年节送礼称“年敬”“节敬”，送给官员女性眷属的叫“妆敬”，被召见进京的地方官返程时要向京官道别并送馈赠，称为“别敬”。

晚清时期，每有外地官员，尤其是握有实权的外地官员进京陛见，京官会轮番请客，实则是讨“别敬”，这是京官的重要进项，成为当时官场司空见惯的潜规则。

清人张集馨在《道咸宦海见闻录》中记录了道光二十五年他补授陕西督粮道，不得不按照当时的规矩应酬，花费“别敬”一万七千两，赴任的盘缠都没多少了。道光二十七年，他升任四川按察使，入京请训时，为应酬各级官吏，又用“别敬”一万五千余两。①

清代官场，别敬与冰敬、炭敬合称“三敬”。这些冠以“敬”字的雅致称谓背后，是遮遮掩掩的贿赂丑行，这与传统礼仪“敬”的宗旨是相背离的，都是必须摒弃的俗态陋习。

① 〔清〕张集馨：《道咸宦海见闻录》，中华书局1981年版，第78页、第89-90页。

# 〖业〗

金文「业」

社会主义核心价值观的第十个词是“敬业”，其第二个字是“业”。

“业”是一个象形字，金文作“”，上部为雕刻成锯齿状用来悬挂钟磬的木架，下部像架子的底座，中间像装饰板，合起来表示悬挂乐器用的大版。《诗经·周颂·有瞽》云：“设业设虡（jù），崇牙树羽。”这是写周王室的朝廷上一群盲乐师在演奏音乐，悬挂乐器的架子上横设一条挂版、竖设两根立柱，架子上端装饰着钉齿状的崇牙，两根柱端树立五彩的鸟羽。这里的“虡”，就是古时悬挂钟鼓的木架两侧的立柱，“业”就是古时乐器架子横木上的大版。这个“业”字楷书写作“業”，汉字简化时截取其上半部分，写作“业”。

“业”后来假借表示古代书册的夹板，泛指书籍典册。《礼记·玉藻》云：

曾侯乙编钟

“手执业，则投之。”是指听到父母的呼唤，子女要立即放下手中的书，迅速赶过去。“业”由书本义又引申为学业。古代拜师学艺、从师学习皆称“受业”。直接受教的学生称老师为“业师”，称自己为“受业”学生。如《史记·孔子世家》说：“孔子不仕，退而修诗书礼乐，弟子弥众，至自远方，莫不受业焉。”《孟子·告子下》载，曹交对孟子说：“愿留而受业于门。”曹交叹服于孟子学说，表达了想住下来，长期向孟子受业学习的愿望。

“请业”是指向人请教学业。《礼记·曲礼》说“请业则起”，就是学生如果向老师请教学业，应当起立，表示尊敬。战国时期，齐国公子孟尝君想拜闵子为师，派人驾车想把闵子接到自己家中，闵子很不高兴，说：“礼有来学无往教。”按照礼节都是学生上门求教，没有老师登门教学的道理。孟尝君“敬闻命矣”，就是说恭敬地接受批评教育，第二天就

“祛（qū）衣请受业”，掀起衣服，非常谦恭地到闵子那里受业学习去了。(《韩诗外传》)后人就常用“祛衣请业”这个成语，来形容恭恭敬敬地去向人请教学业。

“业”在文献中多表示功业。《尚书·周官》云：“功崇惟志，业广惟勤。”强调建立伟功，是由于大的志向；完成伟业，是由于辛勤工作。三国时诸葛亮《出师表》云：“先帝创业未半，而中道崩殂。”说先帝开创的大业还未完成一半，却不幸中途去世了，甚是遗憾。明人刘基《卖柑者言》云：“峨大冠、拖长绅者，昂昂乎庙堂之器也，果能建伊、皋之业耶？”说那些戴着高帽子，拖着长带子的人，气宇轩昂地坐在庙堂之上，他们真能够建立伊尹、皋陶那样的业绩吗？

业广惟勤——何峰篆刻

由此，“业”又引申为行业、职业等。如韩非在《五蠹》中指出，当时社会“服事者简其业，而游学者日众，是世所以乱也”，意思是真正做事的人都在怠慢自己的职业，而那些游侠、儒生却一天天多起来，这就是社会动乱的原因。晋陶渊明《桃花源记》云：“武陵人捕鱼为业”，就是说武陵人把捕鱼当作自己的职业。

西汉刘向学问渊博，负责整理内秘府藏书。刘向死后，儿子刘歆继承父亲未竟之业，在父亲编纂《别录》的基础上，编成了我国第一部图书分类目录《七略》。因此后人常用“向歆传业”来赞扬子承父业——这个职业虽好，却不是任何人都能胜任的。

“业”又引申指产业、家业。《韩非子·饰邪》云：“家有常业，虽饥不饿。”“常业”指固定产业。唐白居易《望月有感》诗云：“时难年荒世业空，弟兄羁旅各西东。田园寥落干戈后，骨肉流离道路中。”这里的“世业”，是指世代相传的家业。

《史记·白起王翦列传》载，秦国兴兵六十万随大将王翦攻打楚国，秦始皇亲自送到灞上。临行前，王翦请求赏赐良田美宅池塘甚多。始皇说：“将军放心作战就行，何必担心贫穷呢？”王翦说：“趁着我现在还对大王有用，也好为子孙请求份产业啊。”始皇哈哈大笑。王翦到了边关后，又五次派使者向秦王请求赐予田产。有人就说了：“将军太过分了吧。”王翦说：“嗯，你不懂。秦王粗暴而多疑，他把全部兵力都交到我手上，我不多请求田产打消他的疑虑来自保，难道要等他来疑心我拥兵自重吗？”王翦极聪明，他通过乞求田宅来显示自己没有野心，打消秦王的顾虑，保证了伐楚大业的成功。后人将这一智谋概括为“请业自坚”。

后来，产业的所有者被称为“业主”。“别业”是与“旧业”“第宅”相对而言的，指业主在原住宅之外另建的宅第园林。别业往往处在与世隔绝的幽独之地，因此成为人们重要的休闲场所。不同于隐于市的“大隐”，暂居于别业的“小隐”，为古代文人士子提供了一种适意的隐

杜甫草堂——赵红云画

居方式。

拥有别业，在盛唐成为一种时尚，即便生活条件不十分优越，文人们也希望拥有自己的别业。杜甫避难成都，在浣花溪畔找到一块荒地，精心建造了草堂，他的很多山水诗都是在这里写就的。现代诗人冯至评价这个类似别业的草堂说："从此，这座朴素简陋的茅屋便成为中国文学史上的一块圣地，人们提到杜甫时，尽可以忽略了杜甫的生地和死地，却总忘不了成都的草堂。"①

亲近山水、投身自然，使得这一时期出现了大量的"别业诗"。如岑参以"别业"为题的诗有近三十首，其中属于他自己的别业就有八处。王维的《终南别业》《辋川别业》、贺知章的《题袁氏别业》、李颀的《不调归东川别业》等，都促进了盛唐山水田园诗的繁荣。现在的中国富豪们也喜欢在风景名胜处修建或购买别墅以附庸风雅，可是他们多不会作诗，只能说他们雅得这样俗。

"业"还是梵文 Karma 的意译，佛教泛指由思想驱动的一切身心活动。"业"通常分为三类：身业、口业、意业。做事造的业叫身业，说话造的业叫口业，想法造的业叫意业。

从善恶的角度来看，善念、善言、善事造的业叫善业；恶念、恶行、恶事造的业叫恶业；不善不恶的业叫无记业。善业得善报，恶业得恶报，无记业不得果报。人们常说的"善有善报，恶有恶报；不是不报，时候未到"，就是所谓"业报"。

① 冯至：《杜甫传》，百花文艺出版社1999年版，第96页。

汉语中“作业”本指从事劳动生产。随着佛教的传播，在汉译佛经中出现了“作业”一词，多指制造恶业。如唐人吕洞宾《绝句》诗云：“不事王侯不种田，日高犹自抱琴眠。起来旋点黄金买，不使人间作业钱。”由于“作业”与“作孽”意义、读音相近，后来在佛教语中“作孽”就常代替“作业”，指种下的种种恶因。

因此我们知道，《红楼梦》第五回，贾宝玉来到太虚幻境，看到宫门上一副对联：“厚地高天，堪叹古今情不尽；痴男怨女，可怜风月债难偿。”横批是：“孽海情天。”“孽海”就是“业海”，指种种恶因聚集，如无边的大海。这回书最后所写的那个恐怖至极，把宝玉吓得汗下如雨的所谓“迷津”，就是对这个无边业海的具体写照。

美学家朱光潜少年时受弘一法师的影响，确定了“以出世的精神，做入世的事业”①的人生理想。“出世的精神”就是宗教家的情怀，“入世的事业”就是指包括日常工作以至不世功业在内的各种事情。我们如果以宗教般的情怀去从事我们的工作，时时处处都做到恭恭敬敬而不是“假敬”，兢兢业业而不是“作业”，我们的事业或许不一定伟大，我们的精神境界却一定是充实不凡的，我们的人生一定是无怨无悔的。

① 朱光潜：《朱光潜读书与做人》，国际文化出版公司2014年版，第269页。

朱光潜语——荆德杰书

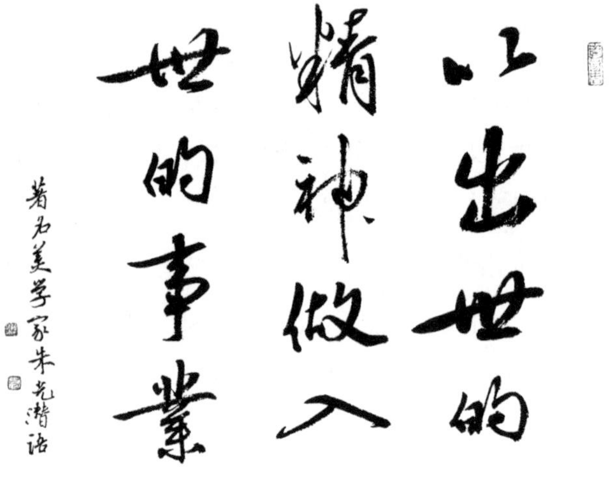

# 【诚信】

# 〔诚〕

篆文「诚」

社会主义核心价值观的第十一个词是“诚信”，其第一个字是“诚”。

宋代郑侠有一首五言绝句《论诚》：“万事以诚立，不诚心不专。诚心非铁石，铁石被诚穿。”句句不离“诚”字，对“诚”推崇备至。

《说文解字》云：“诚，信也。从言，成声。”“言”指言行，“成”表音，又因“成”有成就义，故“诚”是言行合一，真实无伪，以实就人。“诚”“信”都有真实、不虚伪义，故《说文解字》中，

享于克诚——孙长业书

孔子问真——赵红云画

“诚”“信”互训，就是互为解释。但“诚”侧重于内诚于心，“信”偏重于外信于人，即所谓“忠诚发乎内，信效著乎外”(《群书治要·昌言》)。

“诚”最早出现于《尚书·太甲下》“鬼神无常享，享于克诚”。意思是鬼神并不接受所有人的祭礼，只有虔诚人的祭礼，他才肯接受。这里的“诚”带有强烈的宗教信仰色彩，指对鬼神的虔诚，后来指诚信的品质，是人们修身育德的重要内容。“享于克诚”，后世也常有人用于匾额中，高高悬挂起来，强调“诚”在做人做事中的重要性。

《庄子·渔父》载，一天，孔子在杏坛上弹琴唱歌，弟子们在读书。忽然来了一位须眉洁白的捕鱼老者。孔子认为这是一位圣人，遂向他请教什么是“真”。老者答道：“真者，精诚之至也。不精不诚，不能动人。”就是说诚到极致才能达到真。汉刘向《新序·杂事四》云：“熊渠子见(xiàn)其诚心，而金石为之开，况人心乎？”晋葛洪《西京杂记》引扬雄的话说：“至诚，则金石为开。”到了明代，凌濛初才在《初刻拍案惊奇》中凝炼成“精诚所至，金石为开”这个经典用语，用来形容真诚所产生的感动力其大无比，亦指意志坚定就能克服任何困难。

“诚”是《中庸》诠释的重点。《中庸》提出了“诚者，天之道也；诚之者，人之道也”的观点，认为“诚”是天道，把诚放在了至高的地位，人应当将天道之诚内化为自身的属性。“诚之”，就是努力修行，使自己达到诚。宋朝有个人叫李师中，字诚之，是山东曹县人，十五岁即上书议政，由此而出名。李师中的名和字就来自《中庸》的这段话，“师中”就是学习中庸之道，学习的方法就是“诚之”。

《大学》也指出“诚于中，而形于外”，这类似于人们常说的“相由

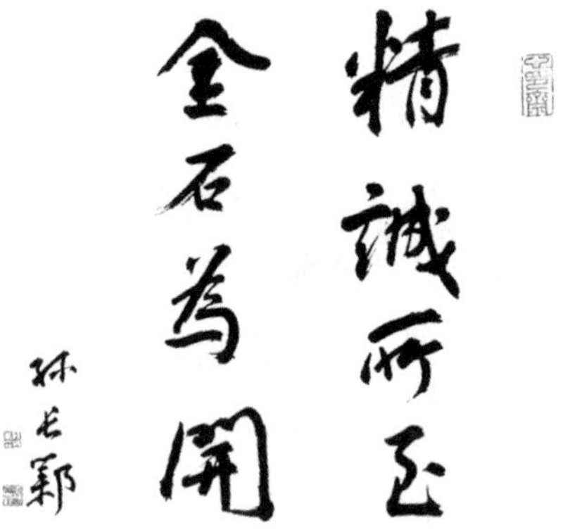

精诚所至 金石为开——孙长业书

心生”。如果一个人心地不清明，则相不中正。小人满腹鬼胎，妄图不为外人知，在躲躲闪闪、遮遮掩掩中，猥琐的一面就产生了。曾子接着说，人行天地之间，“十目所视，十手所指，其严乎”，就是说一个人的所作所为，会被很多双眼睛注视着，被很多手指评着，这是很严厉的呀。南朝孔稚珪在其名文《北山移文》中描写了假隐士周颙 (yóng) 隐居北山沽名钓誉，一旦得以应诏出仕，立马撕裂、烧毁用芰荷做的隐士衣裳，带着鄙陋的笑容，奔走驰趋，一副俗不可耐的样子——虚伪是隐藏不住的，只是虚伪者不自知而已。

荀子曰：“君子养心莫善于诚，致诚则无它事矣。”（《荀子 · 不苟》）荀子认为君子修养自己的品德没有比“诚”更重要的了。“诚信生神，夸诞生惑。”（《荀子 · 不苟》）诚实守信会产生意想不到的效果，相反虚夸妄诞则会给社会增加混乱。

宋代大儒程颐对荀子的观点提出了质疑，程颐认为诚是心的本体，荀子将诚看作是修身的方式，是不对的。王阳明的学生就此向老师请教，该如何看待程颐对荀子的否定。王阳明回答："诚是心之本体，求复其本体，便是思诚的工夫。"（《传习录》）人的本心是诚，回归人的本心的过程是思诚。对于常人而言，诚需要经过博学、审问、慎思等工夫而获得。他引用《大学》"欲正其心，先诚其意"之语，指出诚的获得需要自身主观的不断努力。

诚是发自内心的自省自律。孟子提出"思诚，人之道也"（《孟子·离娄上》），思诚是一种人生态度和处世之道。在纷繁的人际关系中，个体通过自我修持达到诚的境界，秉持诚来处理各种关系，非诚不足以达到人际关系的和谐。孟子接着说"至诚而不动者，未之有也；不诚，未有能动者也"，以至诚之心对待他人却不能打动其心，是不可能的；以不诚之心对待他人却想让其感动，也是不可能的。孟子相信以诚感人者，人亦以诚相应，强调诚的具体实现要靠自省，靠反求诸己。

西周时期，梁国大夫宋就在边境上做县令，此县紧邻楚国。两国边境上的哨所都种着瓜田。梁国人非常勤劳，天天浇水，瓜长得很好；而楚国人懒惰，很少浇水，瓜长得很差。楚国人看到自己的瓜不如梁国的好，很生气，就趁夜色潜入梁国的瓜田去搞破坏。梁国人知道后报告县尉，打算以牙还牙。县尉向宋就汇报，宋就说："啊，怎可如此！这是结怨招祸的做法。你们应该夜里去给他们浇瓜才是。"楚国人发现自己的瓜越长越好，很是高兴。县令把真相报告给楚王，楚王很惭愧，主动与梁国修好。宋就以诚感人，化干戈为玉帛，值得后人称颂。

诚是经世致用的道德规范，是立业之本。一个人想要在社会立足，想要干出一番事业，就必须恪守诚信。"非诚贾不得食于贾，非诚工不得食于工，非诚农不得食于农，非信士不得立于朝”（《管子·乘马》），管子很早就指出士农工商等，社会上各行各业的人都要讲诚信。

“诚”是个人的内在品质，也是事业成功的前提条件。挂羊头卖狗肉者，纵得一时之利，终究也会败露，为人所唾弃。历史上那些老字号的商家们，都是讲求诚信的代表。在同仁堂各处药店的显眼处都有这样一副对联：“品味虽贵必不敢减物力，炮制虽繁必不敢省人工。”同仁堂享誉数百年的秘诀，就是对这一诺言的诚实兑现与坚守。

《韩非子·说林上》云：“巧诈不如拙诚。”机巧的诡诈不如朴实的真诚。清曾国藩深谙此道，一生推崇诚。他有每日早起召集幕僚们一起吃早饭的习惯。一日早晨天气寒冷，李鸿章不愿早起，就撒谎说自己头疼。曾国藩识人无数，自然知道这是谎言，于是派人通知李鸿章，所有幕僚全部到齐才吃早饭。李鸿章只好匆忙赶去。食毕，曾国藩当着众人的面对李鸿章说：“少荃！既入我幕，有言相告，此处所尚，唯一‘诚’字而已。”李鸿章“为之悚然久之”。后来曾国藩与李鸿章在天津论外交，李鸿章说在处理洋人事务时不妨打打痞子腔。曾国藩说，这样不好，凭你如何捣糨糊，洋人也是看得清的，不如对谁都秉承一个“诚”字。你对人家诚，若是人家还欺负你，那也不是因为你的诚，而是实力不济，这总比你要赖使计，最后吃暗亏要好。

宋代程颐云：“进学不诚则学杂，处事不诚则事败，自谋不诚则欺心而弃己，与人不诚则丧德而增怨。”（〔宋〕杨时《河南程氏粹言·论学篇》）无论是学习、做事还是与人交往，缺少“诚”也就等于启动了自毁模式。

1956年2月29日夜，傅雷在给儿子傅聪的信中写道："大多数从事艺术的人，缺少真诚。……真诚是第一把艺术的钥匙。知之为知之，不知为不知，真诚的'不懂'，比不真诚的'懂'，还叫人好受些。最可厌的莫如自以为是，自作解人。有了真诚，才会有虚心，有了虚心才肯丢开自己去了解别人，也才能放下虚伪的自尊心去了解自己。"（《傅雷家书》）

总之，诚者自成，诚应永驻每一个人的心间，人与人之间都以诚相见，才会营造出一片全社会的大和谐。

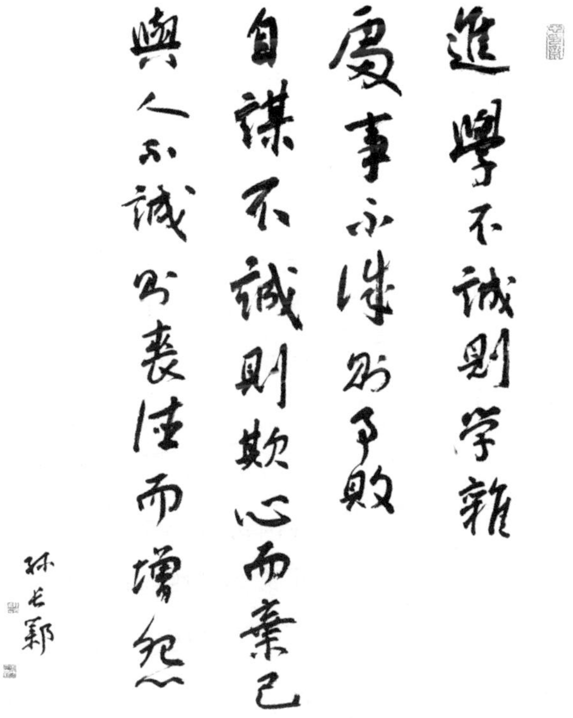


宋·程颐语——孙长业书

# 〖信〗

秦文「信」

社会主义核心价值观的第十一个词是“诚信”，其第二个字是“信”。

“信”字最早见于战国时期，是当时使用频率很高的一个字。但其字形，各地域差别显著。秦统一文字后，“信”作“信”。汉许慎《说文解字》的解释是：“信，诚也。从人从言，会意。”即“人”和“言”两部分合起来，表示一个人的言语要真实表达自己的内心，要兑现自己说过的话。《论语·子路》所说的“言必信，行必果”，用的正是这个意思。

《左传》是一部杰出的历史著作，其所记史实为春秋时代，成书时间为战国初年。书中所记事件纷繁、人物众多，但都具有很高的历史真实性，受到后世历代学者的高度评价。《左传》中关于“信”的记载就有二十余条，大都表达“言而有信”的观念。这一历史事实也充分表明，“言而有信”在当时是一条极其重要的道德标准。

“信”字在战国时代大量用于人名、封君名。还作为吉祥语铭刻在印章中。由此可见，在那个说客遍地、诈伪横行的时代，人们对诚信的渴望。①

《春秋谷梁传》云：“言之所以为言者，信也。言而不信，何以为言？”“信”是衡量评判人之品行的重要尺度，是全民崇奉的道德准则。因此，在经史典籍中，“信”被反复强调，无论是治理国家，还是个人修为，都离不开“信”字。中国人世代对信的重视，都凝结于一个个成语之中，如“一诺千金”“一言九鼎”“一言为定”“信誓旦旦”“君子一言，驷马难追”，等等。

有一回，子贡向孔子请教治国之策。孔子说：“足食、足兵，民信之矣。”（《论语·颜渊》）就是说要具备三个条件：粮食充足、军备充足、百姓信任执政者。子贡又问，如果非去掉一个不可，先去哪一个呢？孔子说，军备。子贡又追问，如果还得去掉一个，去掉哪一个呢？孔子说“去食”，因为“自古皆有死，民无信不立”，人早晚要死，但若是百姓不信任执政者，这个国家就完了。

春秋时期，晋文公攻打原国，让士兵们只带三天粮食，许诺三天后必获胜退兵。可三天过后，原国仍不投降，晋文公决定退兵。此时密报云，原国顶多还能坚持一两天，不要退兵。晋文公说：“得原而失信，何以使

① 李学勤：《字源》，天津古籍出版社2012年版，第175页。

人？夫信，民之所庇也，不可失。”（《国语·晋语四》）意思是我得到了原地，却失去了信用，我以后还如何统治百姓？信是百姓最依赖的，不可以失去。最终晋文公选择撤兵。这一举动也赢得了原国的信任，原国主动投降了晋国。

徙木为信——何峰篆刻

战国时商鞅变法，为获取百姓信任，在南门外竖立一根三丈高的大木头，许诺只要有人把木头搬到北门，就奖励十两金子。看没人相信，又宣布奖励五十两金子。当有人把木头搬过去时，商鞅立即如数奖赏，以明不欺。（《史记·商君列传》）由此商鞅获得了百姓的信任，顺利变法，秦国一步步国富民强，最终统一了全中国。商鞅说：“人主使其民信此如日月，则无敌矣。”（《商君书·弱民》）意思是，君主若能让百姓相信他就像相信日月的定时升落一样，这个国家就无敌了。

宋王安石《商鞅》诗云：“自古驱民在信诚，一言为重百金轻。今人未可非商鞅，商鞅能令政必行。”王安石变法，也是向商鞅学习，以“诚信”博取百姓的信任。相反，周幽王为博宠妃褒姒一笑，烽火戏诸侯，由此信义尽失，最终落得个身死国亡的下场。可见，“信”对于一个国家的兴衰存亡起着至关重要的作用。

同时，“信”也是个人立身处世的重要原则和道德规范。孔子强调“主忠信”（《论语·学而》），即做人重要的是诚实守信。“人而无信，不知其可也。大车无輗（ní），小车无軏（yuè），其何以行之哉？”（《论语·为政》）孔子很形象地打比方说，一个人若没有信，就像是车子没有了关键部件輗軏，将寸步难行。孔子的学生曾子就经常反问自己：“与朋友交而不信乎？”（《论语·学而》）

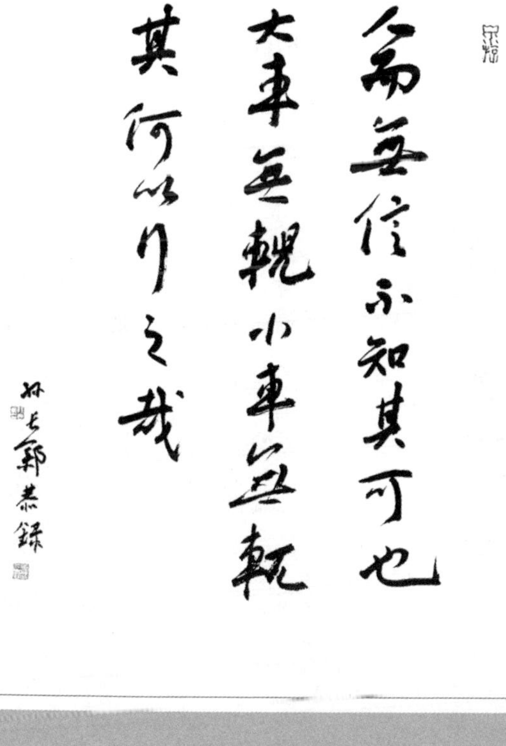

《论语》句——孙长业书

也有言行不一，惹老师批评的学生。宰予大白天睡觉，孔子先批评他“朽木不可雕也，粪土之墙不可圬也”，再评论说：“始吾于人也，听其言而信其行；今吾于人也，听其言而观其行。于予与改是。”（《论语·公冶长》）意思是起初我看待一个人，是听他怎么说就信他会怎么做；现在我看待一个人，听了他讲的话还要观察他怎样做。是宰予让我改变成这样的。从听其言信其行，到听其言观其行，孔子狠狠地谴责了宰予之言而无信。

言而无信就是“食言”。商汤在讨伐夏桀的誓言中说：“尔尚辅予一人，致天之罚，予其大赉（lì）汝！尔无不信，朕不食言。”（《尚书·汤誓》）意思是你们要辅佐我，替天施行对夏的惩罚，我将重重地赏赐你们。你们不要不相信，我不会说假话的。《左传·哀公二十五年》记载了这样一个故事，春秋时期，鲁国权臣孟武伯，一贯言而无信。有一天，鲁哀公设宴，席间孟武伯冲着他不喜欢

《左传》语——孙长业书

的人郭重说："你怎么长得这样胖了？"鲁哀公指桑骂槐，代替郭重回答道："是食言多矣，能无肥乎？"成语"食言而肥"即出于此，形容人说话不算数，不守信用，只图自己得利。

人与人之间要守信，国家之间，也是如此。据文献记载，早在蚩尤（chī yóu）、颛顼（zhuān xū）的原始时代，就已经有盟誓现象。春秋以降，周王室衰微，礼崩乐坏，原本依靠周王的权威和礼仪制度建立起来的社会秩序不复存在，新的社会秩序每每需要人们以诺言来维系。盟誓活动就此兴盛。盟誓，就是大庭广众之下向信仰的神明发誓，说出的话不能违背，否则将受到上天的惩罚。《左传》中俯拾皆是的盟誓活动就是这一社会机制的生动反映。

春秋时期，盟誓的次数和规模远远超过以前，频繁的会盟是这一时期常见的政治活动。盟誓建立起对各方的约束，是避免欺骗、相互取信的手段。公元前594年，宋国和楚国结盟，盟誓的内容为"我无尔诈，尔无我虞"（《左传・宣公十五年》）。即我不欺骗你，你也不要欺骗我。成语"尔虞我诈"即出于此。

盟誓不仅在国与国之间，还遍及社会各阶层，包括普通民众。盟誓的核心动力由神权、王权逐步转化为信任关系和信任机制的建立。因而盟誓并没有随着早期国家的结束而退出历史舞台，盟誓对伦理文化、民俗制度、社会信用与信仰的影响是广泛而深远的。

人和人要相互信任，才能彼此贴心。国家、集团之间也要相互信任，才能共同推动人类社会朝着健康美好的方向发展。除此之外，中国古人还发现，大自然中的万物百态，其运作也是有规律的，就好像言而有信

雪里春信——赵红云画

一般。唐人李益《江南曲》云："嫁得瞿塘贾，朝朝误妾期。早知潮有信，嫁与弄潮儿。"宋人徐俯《春日》诗云："一百五日寒食雨，二十四番花信风。"宋人李清照《渔家傲》词云："雪里已知春信至，寒梅点缀琼枝腻。"潮有信、风有信、春有信，如约而至，满足了人们内心的期盼，这是种美好的体验。

诚信犹如洁净的天空，是人类放飞美好体验的基础。春秋时，管子首先将"诚"与"信"连用，云："先王贵诚信。诚信者，天下之结也。"（《管子·枢言》）管子认为，诚信是天下交往、相与结好的基础，是行为准则的关键。

在当今中华民族的伟大复兴中，诚信更应当成为每个公民的基本素质。一个立足于诚信的社会，才称得上是一个伟大的社会。

# 【友善】

# 〔友〕

甲骨文「友」

社会主义核心价值观的第十二个词是“友善”，其第一个字是“友”。

“友”，甲骨文作“”，金文作“”，小篆作“”，字形基本一致，都为方向相同的两只手，以此表示二人互相帮助，齐心协力。《说文解字》解释说“同志为友”，即志同道合的人就是友。正所谓“二人同心，其利断金”（《周易·系辞上》），两个人只要团结合作，心往一处想，劲往一处使，就无坚不摧。

与“友”关系最密切的，是“朋”。“朋”和“友”现为同义词，经常连用，但二者原本意义不同。“朋”甲骨文作“”，表示系在一起的两串贝币。《诗经·小雅·菁菁者莪》云：“既见君子，锡（赐）我百朋。”“百朋”指极多的钱。后遂以“百朋之赐”比喻珍贵、丰厚的馈赠。

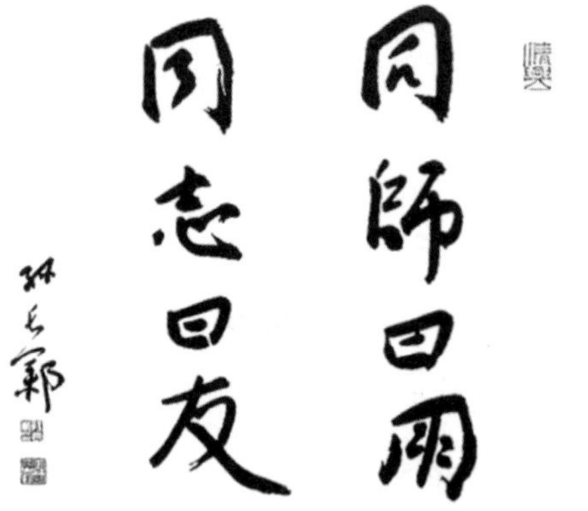

同师曰朋同志曰友——孙长业书

“朋”字旁边加“人”字，又衍生出一个“倗”字。“倗”，甲骨文作“”，指关系密切的人。“倗友”一词在两周金文铭文中出现过二十多次，多指同族内的弟兄。“倗”字字形复杂，常简写为“朋”字，义项也逐步并入“朋”字后，“倗”字就日趋隐退了。

因古代同师门的学生之间有类似于宗族的关系，“朋”又引申指同门。汉郑玄曰：“同师曰朋，同志曰友。”（《周礼·地官·大司徒》①）唐孔颖达曰：“同门曰朋，同志曰友。”（《周易·兑》②）“朋”指受业同一师门的人，“友”指志向相投，取舍一致的人。后来，“朋”又引申出结党之义。屈原《离骚》云：“世并举而好（hào）朋兮。”“好朋”，不是说喜欢结交朋友，而是指喜欢结党。因此，“朋党”常用来指称互相勾结以营私的一些人，含有贬义。

《论语》中，孔子引用《尚书》云：

①《周礼·地官·大司徒》：“五曰联朋友。”郑玄注：“同师曰朋，同志曰友。”

②《周易·兑卦·象》：“君子以朋友讲习。”孔颖达疏：“同门曰朋，同志曰友，朋友聚居，讲习道义，想说之盛，莫过于此也。”

管鲍之交——赵红云画

“孝乎惟孝，友于兄弟。”（《论语 · 为政》）意思是孝就是孝敬父母，友爱兄弟。后人割裂式代称，把要说的词语“兄弟”省去，而以与该词连用的“友于”来代替。如“友于甚笃”“情深友于”等，都是指兄弟感情深厚。《聊斋志异》中有一篇《曾友于》，主人公曾悌，字友于。《伍秋月》篇亦云：“秦邮王鼎，兄鼐，江北名士，友于甚笃。”用的都是这一典故。

朋友之间若是感情深厚，其亲密程度是不啻于亲兄弟的。《诗经 · 小雅 · 常棣》云：“虽有兄弟，不如友生。”这句名言，说的就是挚友的感情胜过亲兄弟。这样的例子，史上多有。春秋时期，管仲与鲍叔牙就是朋友至交的典范，“管鲍之交”也是盛传不衰的美谈。

交好朋友是人生之幸，一旦交了坏朋友，也会变成人生之恶。墨子很重视择友，他以染丝为喻，指出对朋友的选择必须谨慎，一个人所交的朋友若都爱好仁义，都淳朴谨慎，敬畏法纪，那么他就会“家日益、身日安、名日荣”；如果他交的朋友都不安分守己，那么他也会“家日损，身日危，名日辱”（《墨子 · 卷一 · 所染》）。所以，古人云：“非贤友则无取之，故君子必求贤友也。”（〔东汉〕徐干《中论 · 贵验》）故孔子云：“居而得贤友，福之次也。”（《中论 · 贵验》）你住的地方有品德高尚的朋友，那就是福气之所在啊。

那么，如何才能寻到贤友呢？

孔子指出：“益者三友，损者三友。友直，友谅，友多闻，益矣。友便辟，友善柔，友便佞，损矣。”（《论语 · 季氏》）有益的朋友有三种，即正直的人、诚信的人、知识广博的人；有害的朋友有三种，即谄媚逢迎的人、两面三刀的人、花言巧语的人。所以他还说：“无友不如己者。”

（《论语·学而》）和不如自己的人交朋友，自己得不到益处，还会影响自己的进德修业。

孟子指出“友也者，友其德也”（《孟子·万章下》），交友，当以品德为前提。他还给出了具体的择友方式：“一乡之善士斯友一乡之善士，一国之善士斯友一国之善士，天下之善士斯友天下之善士。以友天下之善士为未足，又尚论古之人。颂其诗，读其书，不知其人，可乎？是以论其世也。是尚友也。”（《孟子·万章下》）即一个乡的优秀人物就和一个乡的优秀人物交朋友，一个国家的优秀人物就和一个国家的优秀人物交朋友，天下的优秀人物就和天下的优秀人物交朋友。若认为和天下的优秀人物交朋友还不够，还可以与古代的优秀人物交友。吟咏他们的诗，诵读他们的书，却不了解他们的为人，是没法与他们交朋友的。因此，要了解古人的那个时代，才能更好地与古人交朋友。

孟子说这话的时候，尧舜禹等算得上是古人，而他则是今人。现今，孟子也成了古人，也成了我们交友的对象。我们的交友时间比孟子长了两千多年，我们的交友空间比孟子大了不知多少倍。我们不光知道尧舜禹等，我们还知道李白、杜甫、蒲松龄、曹雪芹，我们还知道柏拉图、哥白尼、塞万提斯、莎士比亚，可是，我们交到了多少真正的朋友呢？这个问题，我们都应该好好想一想，这对我们是有益的。

荀子指出：“取友善人，不可不慎，是德之基也。”（《荀子·大略》）朋友是用来帮助自己建立道德基础的，所以要谨慎地选取善友。荀子又说：“得良友而友之，则所见者忠信敬让之行也。”（《荀子·性恶》）得到贤良的朋友并与之交往，那么你所见到的都是忠诚守信、恭敬礼让的品行。慢慢地，这些所见所闻内化为自己的品行，自己的道德品位也就提高了。

清人曾国藩认为，一生之成败，皆关乎朋友之贤否，故不可不慎也。为此，他还制定了个“八交九不交”的交友原则。古今一理，历代的文人学士列出的交友准则和建议，有着高度的相似之处，即远离小人，交有德者。正如孔子所云：“与善人居，如入芝兰之室，久而不闻其香，即与之化矣；与不善人居，如入鲍鱼之肆，久而不闻其臭，亦与之化矣。”（《孔子家语·六本》）是愿意与芝兰化，还是宁愿与鲍鱼化，是芝兰之室多，还是鲍鱼之肆多，关乎一个民族一个国家的整体价值观和思想高度，所以不容忽视。

大家都知道，现代的网络社交软件中多有“拉黑”功能，可以一键删除那些不想交往的朋友。其实，古人早有类似的操作。“管宁割席拒华歆，谓非同志之人”（《幼学琼林》），“同志曰友”，志不同，则不相友也，故管宁以割席来表明断交之意。

但像这样决绝的绝交，为大义则可，为小节则不必。朱熹的弟子问朱熹：“朋友之间已经没有共同的志向，绝交恐伤恩，继续交往又匿情，我该如何与之相处呢？”朱熹说：“若朋友之不善，情意自是当疏，但要疏之以渐；若无大故，则不必峻绝之。”（〔宋〕黎靖德《朱子语类》）这又体现了朱熹作为一代思想道德伟人，非常看重人际交往中宽容的一面，也就是孔子所说的一个“恕”字。

《中庸》引用孔子的话说，天下古今之人的共由之路有五条，“曰君臣也，父子也，夫妇也，昆弟也，朋友之交也”。当今社会已经废除了君臣关系，父子关系因为年龄悬殊也不能始终保持，夫妇关系也只是成年之后的事，兄弟阋于墙的也不在少数——只有朋友之交才是天地间最为宽阔通达的大路，因此，一个人若是没有朋友，必定是孤独而无趣的。《礼记·学记》云：“独学而无友，则孤陋而寡闻。”这道理是连《红楼梦》中的少年秦钟都明白的。这一点，古人看得明白，今人更要想明白，人和人之间，国与国之间，都该如此。否则就是辜负了古人的一番雅意。

还是歌曲《朋友》唱得好：“朋友啊朋友，你可曾想起了我？如果你正享受幸福，请你忘记我。如果你正承受不幸，请你告诉我。”

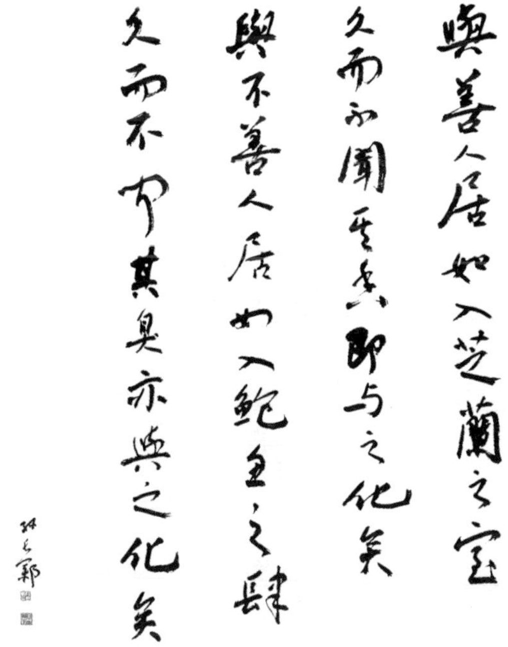


《孔子家语》句——孙长业书

# 【善】

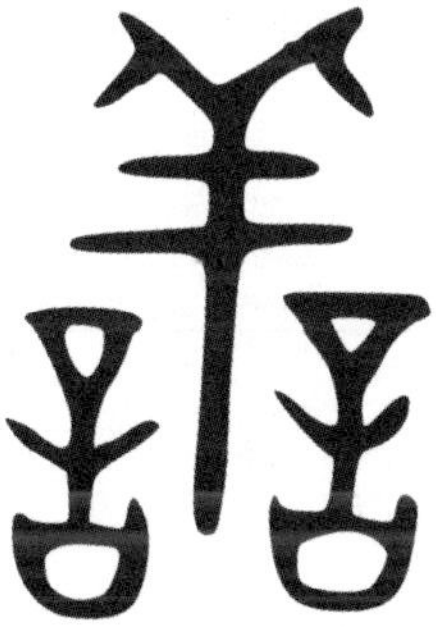

金文「善」

社会主义核心价值观的第十二个词是“友善”，其第二个字是“善”。

“善”，金文作“譱”，字形由“誩(jìng)”和“羊”组成。睡虎地秦简中的“善”字作“善”，下面简写作一个“言”。小篆字形中还出现“善”这样的写法，其下部简写为“口”。《说文解字》的解释是：“善，吉也。从誩，从羊。此与義、美同义。”许慎认为“善”构字理据与“義”(义)、“美”一样，都和羊有关。

中国很早就有发达的畜牧业。在牲畜中，羊占有头等重要的地位，因而古时候，“羊”常被借来表示祥和的意思。如“祥”，《说文解字》的解释是：“祥，福也。从示羊声，一云善。”“羊”在这里既表音也表意。如“美”，《说文解字》的解释是：“美，

“此羊吉”汉砖拓片①

甘也。从羊，从大。羊在六畜主给膳也。美与善同意。”“善”“祥”“美”都以羊来表意，“羊”是吉祥美善的语源和字根。

“善”原义是吉祥，后来仁慈、美好、善良、高明等诸多方面的优良品德都可称为“善”。如孔子称赞韶乐说“尽美矣，又尽善也”（《论语·八佾》）。这里的“善”，表示音乐美好。唐太宗李世民酷爱王羲之书法，赞美说：“详察古今，研精篆素，尽善尽美，其惟王逸少乎！”（《晋书·王羲之传论》）这里的“善”，是说王羲之书法技艺高超绝顶，其顶礼膜拜之情溢于言表。

“善”是老子倡导之道德的理想状态之一。如《老子·八章》云：“上善若水，水利万物而不争……”连用九个“善”字，写出一首“水之歌”，来颂扬他心目中的圣人。第二十七章又云：“善行无辙迹，善言无瑕谪……”连用十一个“善”字，来赞美圣人、批评恶人。用“善”如

①选自高文编著：《中国巴蜀新发现汉代画像砖》，四川美术出版社2016年版，第143页。

上善若水——孙长业书

此之密集，创中国典籍中用“善”之大观。可见一个“善”字，在老子心中占有多么重要的地位。时至今日，一说到“善”，人们张口就来的还是“上善若水”这句古语，也可见向善之心是亘古不变的。

孔子也极为推崇“善”，他说：“见善如不及，见不善如探汤。”（《论语·季氏》）见到善要努力追求，唯恐赶不上似的；见到不善要尽力避开，就像怕热水烫着手一样。

比孔子略晚的古希腊先哲柏拉图指出：“善的理念是最大的知识问题，关于正义等等的知识，只有从善演绎出来的，才是有用和有益的”[①]。他把“善”作为政治活动、国家生活的最高目标，他设计的“理想国”，就直观、形象地展示了他的这一理念。

那么，善由何而来呢？

孟子主张人性本善。他说：“有天爵者，有人爵者。仁义忠信，乐善

①［古希腊］柏拉图：《理想国》，郭斌和、张竹明译，商务印书馆1986年版，第260页。

不倦，此天爵也；公卿大夫，此人爵也。”（《孟子·告子上》）意思是，天地之间有一种自然的爵位，还有一种社会的爵位。坚持仁义忠信，乐善好施不倦，这是上天的爵位，是生来就有的；至于公卿大夫，只是社会的爵位，是后天获取的。这也就是《三字经》中“人之初，性本善”的理论源头。

从善如登——何峰篆刻

同为儒家大师的荀子，则主张人性本恶。《性恶》篇开宗明义云：“人之性恶，其善者伪也。”人的本性是恶的，其善良是后天修习所得。法家的李斯、韩非等都是这一思想的忠实信徒，所以他们提倡法治，强调用强制的手段来抑恶扬善。

但是，非此即彼的善恶二元论，不能够完全阐释人性及其行为，大多数人还是持中间态度，即人性既有善的一面，也有恶的一面，关键看后天的引导改造。

董仲舒说：“性比于禾，善比于米；米出禾中，而禾未可全为米也。善出性中，而性未可全为善也。”（《春秋繁露·深察名号》）他以禾、米作比喻，阐释人性中的善并非完全天生的。扬雄认为：“人之性也，则善恶混，修其善则为善人，修其恶则为恶人。”（《法言·修身》）指出道德修习的重要性。王阳明的“无善无恶心之体，有善有恶意之动。知善知恶是良知，为善去恶是格物”（《王畿集·天泉证道纪》），被后人奉为王氏“心学四诀”，即要从自己的良知出发，为善去恶。

《大学》认为：“大学之道，在明明德，在亲民，在止于至善。”朱熹注云：“至善，则事理当然之极也。”“至善”是事理应该走向的最完美的境界。“大学”的宗旨在于弘扬清明的德行，在于更新民心，在于使人达到最完美的境界。

一个人，一个团体，一个民族，一个国家，都希望达到最完美的境界。但是，这种境界不是容易获得的。

《国语·周语下》引用民谚云：“从善如登，从恶如崩。”学好，像登山一样困难；学坏，像山崩一样迅速。这说明从善要有毅力。老子称赞圣人说：“善者善之；不善者亦善之，得善矣。”（《老子·四十九章》）善人，待之以善；不善的人，也待之以善，善就实现了。这说明得善需要宽容。子张问孔子，怎样才能成为善人，孔子说：“不践迹，亦不入于室。”（《论语·先进》）学善就要遵循前贤的脚步前进，否则就无法学到家。这是强调学善的实践性。《周易·益》云：“君子以见善则迁，有过则改。”就是见到善的要学习，有错就改正。这是说从善之路的曲折性。成语“改过迁善”即出于此。

东汉王充说：“有善心则有善言……有善言则有善行矣。无善心者，白黑不分，善恶同伦。”（《论衡·定贤》）王充认为判定一个人是不是贤人，绝不能只以才华、能力为标准，更重要的是要观察其是否具有善心。

善财童子——赵红云画

王充的审言察行观善心，实际上就是对官员品德的考察，这对于我们今天考察公务员的德行，也极有参考价值。

善是人类追求的共同价值，宗教也是如此。佛教修行的目的，首先就是做“善人”，唯有善，才能领悟佛学的真谛。终日心怀恶念的人是没有佛缘的。“善知识”是佛教里的专有名词，这里的“知识”不是指具体学问，而是指朋友。能够引导我们到达善处的人就是“善知识”，反之就是“恶知识”。在佛门里，通常把师长称为善知识。《华严经》中记载善财童子为了修行，曾参访五十三位善知识，遇普贤菩萨而成就佛道，成为观音大士的协侍。

中国的民间传说、寓言、戏曲中有大量的劝人向善的故事。《搜神后记》就记载：东晋时，毛宝驻守邾城，其手下一士卒买来一只小白龟养在瓮里，几天后拿到江边把白龟给放了。后来邾城陷落，众人逃窜，都被江水淹死了。只有那位放龟的士卒，被一物托浮而行，最终登岸逃生。原来救这位士卒的，就是他先前放生的那只白龟。《聊斋志异》中有一篇《西湖主》，写陈弼教救了一条扬子鳄，后来他在洞庭湖翻船遇难，不但得到救援，还娶了位美娇妻。原来他救过的扬子鳄是扬子江王的女儿、洞庭湖君的王妃，他的美娇妻正是王妃的女儿。——这都是善有善报啊！

德国哲学家康德说过：“这个世界唯有两样东西，我们越是经常、持久地对它们反复思考，它们就越能让我们的心灵感到深深的震撼，这就是我们头上灿烂的星空和我们内心崇高的道德法则。”

社会主义核心价值观十二个词、二十四个字，既是我们心中崇高的道德法则，又像我们头上灿烂的星空，给我们光明，给我们方向，指引我们每个人都成为“爱国、敬业、诚信、友善”的公民，我们的社会成为“自由、平等、公正、法治”的社会，我们的国家成为“富强、民主、文明、和谐”的国家。这是一种“至善”的完美境界，我们翘首祈盼它的早日到来！

# 后　记

今年这个春天，过得很紧张、很充实、很有意义：我们在反复打磨十二个词二十四个字，且越打磨越上瘾，状态几近疯魔。

走在大街小巷，凡是较为显眼的地方，我们都会看到形式各异、字体不同的“社会主义核心价值观”，或张贴在墙壁上、或矗立在花坛里、或悬挂在大门旁……已经成为中国大地上的一道美景。从小学生，到大学生，到广大公务员……问起谁，都会说出其基本内容，有的甚至能一字不差地按顺序背下来，真可谓耳熟能详、深入人心。

可是，若问起这十二个词二十四个字的历史，比如“富”字最初怎么写?“和”字最初是什么意思?什么是“敬”?什么是“业”?……相当多的人不是回答不上来，就是回答得似是而非或不着边际。

这不由让我们想起了《周易》在讲到“道”时所说的那句名言：“仁者见之谓之仁，知者见之谓之知，百姓日用而不知。”须知，实现中华民族的伟大复兴，建设美丽富饶的东方大国、世界强国，绝不只是少数人的事，这应该是所有中国百姓的分内之事。试想，一个连“社会主义核心价值观”这十二个词二十四个字的基本意义都不甚了然的人，又如何能够切实而有效地去落实践行它呢?

《儒林外史》中，写牛浦郎在甘露庵灯下读诗。老和尚问他为何读诗？他说是为了“破俗”。老和尚问：“你看这诗，讲得来么？”牛浦郎说：“讲不来的也多，若有一两句讲得来，不由地心里觉得欢喜。”“社会主义核心价值观”内容博大精深，若能确切理解这十二个词二十四个字的来龙去脉，明白其题中应有之义，不但能够“破俗”，还真能使人“讲得来”，并时时产生获取知识、明白事理、陶冶情操、升华人格的欢喜愉悦感。

为此，我们就打算撰写一本《社会主义核心价值观二十四字解》，来向党员干部、大中学生、中小学教师，以及所有爱好传统文化并欲深入理解“社会主义核心价值观”者，谈谈我们的看法，以玉引玉、以玉养玉，以期做到相辅相成、玉汝于成。

我们两个人，一个专业是古文字学，一个专业是古代文学。一个有能力挖出这些字词的老祖宗，吹一口仙气让它们活起来；一个有能力给这些字词贴上皮肉毛发，让它们精神起来。数十年来，我们从事的就是这方面的工作。因此，我们对这一想法是感到欢愉的，我们对实现这一目标是信心满满的。

王安石有两句诗说："看似寻常最奇崛，成如容易却艰辛。"他这说的是写诗。我们的文章虽然不是诗，我们自信还是蛮有诗意的。这不光因为在行文中我们引用了许多诗词，也因为我们在写作初心中早就默默立下了一个规矩："我们不但要以理喻人，还要以情动人。"即我们的文章不仅是写给大脑的，还是写给心灵的，要既健脑又养心。故而，我们花费的心血一点也不比写诗少。现在是用电灯，若换成古代的油灯，像我俩这样"三更灯火五更鸡"地熬上几个月，我们或许也成为诗人了。当然，尽管花费了如此多的时间和精力，我们的文章看起来还是如此"寻常"。这也正好证明，欲写出"奇崛"的文章是不"容易"的。

研究中国古代文化的著作汗牛充栋，但借助中国古代文化来系统阐释讲解"社会主义核心价值观"的著作还没有见到。因此我们这本小书从立意到体例，到说理和抒情方式，都是我们自以为是的"创新"。虽然是"创新"，我们的大量精力却投入在了"理旧"上。我们引用了丰富的原始文献，除部分诗词外，基本都来自先秦两汉的经史子集。这些内容，我们引用得都很谨慎。我们绝不引用第二手资料，所有引文都经过认真核实原文及出处。所以，即使在资料方面，我们也敢告诉读者，可以放心使用。假如还有错讹，那就是我们打盹了，希望大家不客气地指出来，把我们惊醒。

在撰写过程中，我们心照不宣地形成了这样一种操作规程：先由第一作者写出每篇的初稿，转发给第二作者；再由第二作者剪裁、修润、补苴，转发给第一作者。第一作者再对第二作者进行剪裁、修润、补苴，再转发给第二作者……如此往复，到双方满意为止。有时一个材料出现于多种典籍，为了确定引哪一种，就会商议半天；有时甚至为了一个字的读音，争论数小时。假如微信像电影胶片那样可以抽出来看，我们的你来我往，大概得有几十里路长了吧。

除了这本小书，我们还有一个与之并行的产品，那就是《社会主义核心价值观二十四字解》的系列视频，已经登上了“学习强国”平台，引起了较大的反响。为此，我们也付出了很多的心血。虽然不敢说拍摄得尽善尽美，但与网络媒体上的大多数文化教育类视频相比，我们也是不甘妄自菲薄的。倘使有人看过我们的书，又看过我们的视频，那就真是不但“破俗”，而且还能“讲得来”了。

中国传统文化悠久又绚烂，仅“二十四”这个数字，就充满了无穷的诱惑力。传统农历有“二十四节气”，唐代有“凌烟阁二十四功臣”，杜牧有“二十四桥明月夜，玉人何处教吹箫”，司空图有《二十四诗品》，宋人徐俯有“一百五日寒食雨，二十四番花信风”，正史有所谓“二十四史”——我们这本小书取名为《社会主义核心价值观二十四字解》，也算是传统和现实的一次相遇和结合了。至于完美不完美，还有待于大家的批评指正，希望再一次相辅相成、玉汝于成。

我们真是很幸运，在写作和拍摄过程中得到了各方面的热情帮助。学校赵新法书记欣然为我们题写片名、书名，副校长周巧玲、宣传统战处处长朱连斌、山东师范大学李超教授，还有古敬恒、焦玉利、常凤亮等诸多师友，都给出了宝贵意见。著名篆刻家何峰先生专门为我们设计刻制了社会主义核心价值观系列印章，他还请他的老师著名篆刻家韩天衡先生授权我们使用其鸟虫篆印章“和谐”；中国美术家协会会员赵红云老师熟读文稿，精心揣摩，为本书创作了三十余幅插图；赵新法、刘慧龙、孙熙敏、孙长业、荆德杰、朱茂刚六位联袂组成了豪华的书法家阵容——他们的倾情相助，将使读者在阅读文字的同时还能深切感受到中国书画艺术的魅力。

二十四番花信风吹完了，站在楼上眺望远处的田野，金黄的麦穗正在随风摇摆等待收割——中国又到了一个丰收季，我们的《社会主义核心价值观二十四字解》也快杀青，捧着献给读者了。

著　者

2019年6月初

于淄博师范高等专科学校

社会科学研究中心

图书在版编目（CIP）数据

社会主义核心价值观二十四字解 / 刘悦，王光福著
. 一上海：文汇出版社，2020.4
ISBN 978-7-5496-3056-1
Ⅰ. ①社… Ⅱ. ①刘… ②王… Ⅲ. ①社会主义核心价值观－中国 Ⅳ. ① D616

中国版本图书馆 CIP 数据核字 (2019) 第288756号

• 本书为山东省社会科学规划干部政德教育研究专项成果 •
• 本书获得淄博市第34次社会科学优秀成果奖一等奖 •

**社会主义核心价值观二十四字解**

出 版 人：周伯军
作　　者：刘　悦　王光福
责任编辑：张　涛
装帧设计：薛　冰

出版发行：文匯出版社
上海市威海路755号　邮政编码：200041
经　　销：全国新华书店
印刷装订：上海颛辉印刷厂有限公司

版　　次：2020年4月第1版
印　　次：2021年10月第3次印刷
开　　本：787×1092　1/16
字　　数：160千
印　　张：14.75

ISBN：978-7-5496-3056-1
定　　价：58.00元